ドイツ語
表現とことん
トレーニング

黒田 享

白水社

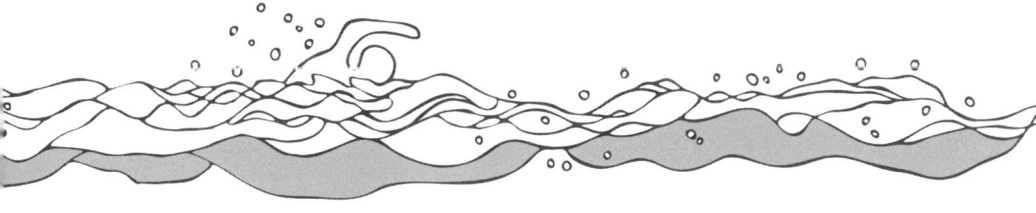

イラスト　カトウタカシ
装丁・本文レイアウト　重原 隆

まえがき

　本書はドイツ語の初歩的な文法知識を十分なドリル練習を踏まえて段階的に身につけることを目的としています。

　現在、大学等でドイツ語を学習している方の場合、それに並行して本書を利用していただければ基礎がよりしっかりと固まると思います。また、すでに一年間程度ドイツ語を学習した方の場合、ドイツ語の知識を復習し、発展させるために使っていただくこともできるでしょう。著者はこれまでにドイツ語を教える中で、いくつか初学者が特につまずきやすい点があることに気づきました。執筆にあたっては、こうした点に特に配慮しています。また、例文や練習問題はそのまま暗記して実際のドイツ語コミュニケーションに使えるような文になるよう努めました。

　一部、中級レベルに相当する項目も含んでいますが、身につきやすくするために解説部分は簡略化してあります。上級レベルの内容は盛り込んでありません。また、初学者向けの教材で触れられることが多い文法項目でも、実際のドイツ語コミュニケーションで使うことがあまりないものは取り上げていません。例文や練習問題には日本語訳を添えましたが、日本語とドイツ語のコミュニケーション文化の違いから一部日本語らしさが乏しいと感じられるものもあるかも知れません。

　本書を執筆する上で様々なご助言をいただき、ドイツ語のチェックを手伝ってくださったディータ・シュミットさんにこの場を借りて心からお礼を申し上げます。シュミットさんからは練習問題を作る上でも様々なヒントをいただきました。

　読者の方がドイツ語やそれを母語として話す人たちに親近感を持ち、よりドイツについて学んでみたいと思われることを願っています。

2013年春　　著者

この本の使いかた

　各課は2ページ構成です。まず、左ページの解説で、ドイツ語の海を泳ぐためコツを覚えます。覚えたコツを使って、右ページの練習問題で実際に泳ぐトレーニングをしましょう。

トレーニングの難易度を3段階のマークで表示
　浮く　　泳ぐ　　遠泳
少しずつ、着実に、泳ぎかたを身につけます

この課では
こんな表現が身につきます

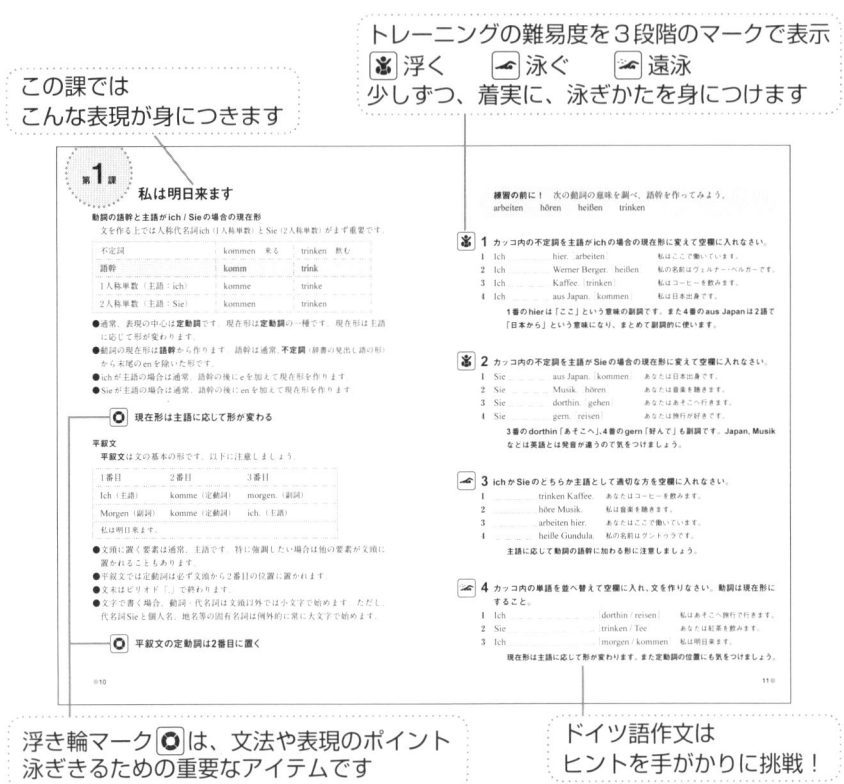

浮き輪マーク〇は、文法や表現のポイント
泳ぎきるための重要なアイテムです

ドイツ語作文は
ヒントを手がかりに挑戦！

◇ わからない単語に出合ったとき→巻末の「単語リスト」へ

泳ぎかたがわかれば、あとはあなたの自由自在！

ドイツ語表現とことんトレーニング  目次

まえがき ●3
この本の使いかた ●4

第0課　発音の基本を身につけよう ●8
第1課　私は明日来ます ●10
第2課　あなたは日本出身ですか？ ●12
第3課　あなたはどこでパンを買いますか？ ●14
第4課　私たちはいつコーヒーを飲みますか？ ●16
第5課　君はパンを食べるかい？ ●18
　0から19までの基数詞 ●20
第6課　私はパンと果物を買います ●22
第7課　その映画は面白いです ●24
第8課　学生食堂はあそこです ●26
第9課　ここに一本の木があります ●28
第10課　ご家族はありますか？ ●30
第11課　彼は歌がとても上手です ●32
第12課　子供たちは外で遊んでいる ●34
第13課　私はそれを買います ●36
第14課　その駐車場は遠くありません ●38
第15課　切符を買ってください ●40
　20から99までの基数詞 ●42
　会話に使える単語を覚えよう！(1) ～職業・学習～ ●44
第16課　あなたは疲れていませんか？ ●46
第17課　大学生たちはパーティーに行きます ●48
第18課　私はフランクフルトのある銀行で働いています ●50
第19課　僕はその店の前で君を待つよ ●52
第20課　あなたは誰に電子メールを書くのですか？ ●54
第21課　その時計はおいくらですか？ ●56

第22課	私たちは今はお腹が空いていません	●58
第23課	私の名前はオスカーです	●60
第24課	あなたのお仕事は何ですか？	●62
第25課	エレベーターを使えますか？	●64
	会話に使える単語を覚えよう！(2) 〜家族・身体・服飾品〜	●66
第26課	図書館では喫煙は許されていません	●68
第27課	私たちは毎年休暇で夏にバルト海に行きます	●70
第28課	私はこの女性は知りません	●72
第29課	君たちはいつ次のコンサートをするんだい？	●74
第30課	他の書式はありませんか？	●76
	99までの序数詞	●78
第31課	私の家族はこの週末、ハイキングに行く	●80
第32課	私の誕生日は3月24日です	●82
第33課	昔は私は一日に6時間働きました	●84
第34課	ユッタは晩に長い手紙を書いた	●86
第35課	授業はすぐに始まった	●88
	100万までの数の表現と年号	●90
	会話に使える単語を覚えよう！(3) 〜旅行〜	●92
第36課	私は今日は映画館に行けました	●94
第37課	彼は何と言ったのですか？	●96
第38課	私たちは今日、ソーセージとパンを食べました	●98
第39課	授業はもう始まりましたか？	●100
第40課	私は休暇にフランスへ行きました	●102
	時刻表現の基本	●104
	日常会話の時刻表現	●106
第41課	私は息子に自動車を運転させる	●108
第42課	午後はサッカーをしようよ！	●110
第43課	学生たちは駅の前で落ち合う	●112
第44課	私は今日、祖父母に会います	●114
第45課	私は父に葉書を書くのを忘れた	●116

第46課　今週は君たちとテニスをする時間がないんだ　●118
第47課　ここでは夏にとてもよく雨が降る　●120
第48課　私の姉は私よりも背が高い　●122
第49課　これが世界最速の列車です　●124
第50課　私は学生時代、たくさん読書をした　●126
　　　会話に使える単語を覚えよう！(4)〜食べ物・飲み物〜　●128
第51課　これが私が今日買った本です　●130
第52課　ブリギッテは夫と同じくらいテニスが上手です　●132
第53課　私たちが楽しみにしているのはクリスマスです　●134
第54課　図書館での喫煙は禁止されています　●136
第55課　私はこのラジオを姉からプレゼントされました　●138
第56課　コーヒーを一杯いただきたいのですが　●140
第57課　パスポートを見せていただきたいのですが　●142
第58課　今日はもう到着する列車はありません　●144
第59課　ブリギッテは彼女の祖父が病気だと言っている　●146

場面別の表現例
パン屋で買い物をする／道を尋ねる　●148
電車のアナウンス／ホテルのフロントで　●150
スーツを買う／レストランで　●152
友人と一緒に勉強／商談に訪れる　●154
電子メールを書く／クリスマスカードを書く　●156

もっと勉強したい人のために　●158
練習問題解答例　●160
文法索引　●171
単語リスト（ドイツ語－日本語）　●172

発音の基本を身につけよう

　ドイツ語では英語のアルファベットにÄ / a、Ö / ö、Ü / ü、ßを加えた文字が使われます。まず、ドイツ語の発音の最も基本的な原則を身につけましょう。

基本母音の発音

　ドイツ語の基本母音の発音はローマ字表記の日本語に似ています。ただし、次の3つの母音は日本語との違いに特に気をつけましょう。

e	「エ」より口を横に広く開く	**E**ssen	食事
o	「オ」より唇を丸める	**O**nkel	叔父
u	「ウ」より唇を丸める	**U**li	ウリ（人名）

ウムラウト

　母音の上に2つの点があると、母音が変音（ウムラウト）していることを表します。

ä	「ア」と「エ」の中間の音	**K**äse	チーズ
ö	唇を丸めて「エ」と発音する	**K**öln	ケルン（地名）
ü	唇を丸めて「イ」と発音する	**Ü**bung	練習

例外的な発音の母音

　次の場合はローマ字表記の日本語とは違った発音になります。

母音にhが続く時	母音を長く発音する	**U**hr	時計
ei	「アイ」に近い音	**E**is	アイス
ie	iを長く発音する	**F**ieber	熱
eu / äu	「オイ」に近い音	**E**uro	ユーロ

子音

　ローマ字表記の日本語や英語に発音が近い場合が大半です。

b	**B**ank	銀行	＊語末ではpの音	**U**rlaub	有給休暇
d	**D**ame	女性	＊語末ではtの音	**A**bend	晩
f	上の前歯を下唇につけて発音する			**F**ilm	映画
g	**G**ast	客	＊語末ではkの音	**H**amburg	ハンブルク（地名）
h	「ハ」行の音をより鋭く発音する			**H**aus	家
k	「カ」行の音をより鋭く発音する			**K**asse	レジ

l	舌先を上の前歯の裏につけて発音する	**L**iste	リスト
m	上唇と下唇を閉じて発音する	**M**ann	夫／男性
n	唇は閉じずに舌先を上の前歯の裏につけて発音する	**N**ame	名前
p	「パ」行の音をより鋭く発音する	**P**ass	パスポート
r	舌先か口の奥を震わせて発音する	**R**adio	ラジオ
	＊語末で母音に続く時は母音の一部になる	Fenste**r**	窓
t	日本語の「タ」行の音より鋭い音	**T**asse	カップ

ローマ字とは発音が違う子音

ローマ字表記の日本語とは発音が違う子音もあります。英語との対応関係で説明します。

j	英語のyの音	**J**apan	日本
s	母音の後では英語のzの音（濁った音）	**S**ee	湖
v	英語のfの音	**v**oll	いっぱいな
w	英語のvの音（濁った音）	**W**ein	ワイン
z	英語のtsの音（濁らない音）	**Z**ug	列車
ß	英語のsの音（濁らない音）	gro**ß**	大きい

複数の子音をまとめて発音する場合

複数の文字でも一つの音として発音しましょう。

ch	1)「ヒ」をより鋭くし発音する	i**ch**	私
	2) 喉の奥から鋭く息を吐く音	Bu**ch**	本
chs	英語のxの音（sは濁らない）	we**chs**eln	両替する
pf	pとfを同時に発音する	Ko**pf**	頭
sch	「シュ」をより鋭く発音する	**sch**on	すでに
ss	「ス」をより鋭く発音する	e**ss**en	食べる
tsch	「チュ」をより鋭く発音する	Deu**tsch**	ドイツ語
tz	zの音	le**tz**t	最後の

例外的な発音の子音

次の場合は例外的な発音になります。

語末のig	ichと同じ発音	Leipz**ig**	ライプツィヒ（地名）
語頭のsp / st	sがschの音になる	**S**port	スポーツ
		Student	大学生

私は明日来ます

動詞の語幹と主語がich / Sieの場合の現在形

文を作る上では人称代名詞ich（1人称単数）とSie（2人称単数）がまず重要です。

不定詞	kommen 来る	trinken 飲む
語幹	komm	trink
1人称単数（主語：ich）	komme	trinke
2人称単数（主語：Sie）	kommen	trinken

- 通常、表現の中心は**定動詞**です。現在形は**定動詞**の一種です。現在形は主語に応じて形が変わります。
- 動詞の現在形は**語幹**から作ります。語幹は通常、**不定詞**（辞書の見出し語の形）から末尾のenを除いた形です。
- ichが主語の場合は通常、語幹の後にeを加えて現在形を作ります。
- Sieが主語の場合は通常、語幹の後にenを加えて現在形を作ります。

 現在形は主語に応じて形が変わる

平叙文

平叙文は文の基本の形です。以下に注意しましょう。

1番目	2番目	3番目
Ich（主語）	komme（定動詞）	morgen.（副詞）
Morgen（副詞）	komme（定動詞）	ich.（主語）
私は明日来ます。		

- 文頭に置く要素は通常、主語です。特に強調したい場合は他の要素が文頭に置かれることもあります。
- 平叙文では定動詞は必ず文頭から2番目の位置に置かれます。
- 文末はピリオド「.」で終わります。
- 文字で書く場合、動詞・代名詞は文頭以外では小文字で始めます。ただし、代名詞Sieと個人名、地名等の固有名詞は例外的に常に大文字で始めます。

 平叙文の定動詞は2番目に置く

練習の前に！ 次の動詞の意味を調べ、語幹を作ってみよう。
arbeiten　　hören　　heißen　　trinken

1 カッコ内の不定詞を主語が ich の場合の現在形に変えて空欄に入れなさい。

1　Ich .... hier.［arbeiten］　　　　　私はここで働いています。
2　Ich .... Werner Berger.［heißen］　私の名前はヴェルナー・ベルガーです。
3　Ich .... Kaffee.［trinken］　　　　私はコーヒーを飲みます。
4　Ich .... aus Japan.［kommen］　　私は日本出身です。

　　1番の hier は「ここ」という意味の副詞です。また4番の aus Japan は2語で「日本から」という意味になり、まとめて副詞的に使います。

2 カッコ内の不定詞を主語が Sie の場合の現在形に変えて空欄に入れなさい。

1　Sie .... aus Japan.［kommen］　あなたは日本出身です。
2　Sie .... Musik.［hören］　　　　あなたは音楽を聴きます。
3　Sie .... dorthin.［gehen］　　　あなたはあそこへ行きます。
4　Sie .... gern.［reisen］　　　　あなたは旅行が好きです。

　　3番の dorthin「あそこへ」、4番の gern「好んで」も副詞です。Japan, Musik などは英語とは発音が違うので気をつけましょう。

3 ich か Sie のどちらか主語として適切な方を空欄に入れなさい。

1　................. trinken Kaffee.　　　　あなたはコーヒーを飲みます。
2　................. höre Musik.　　　　　私は音楽を聴きます。
3　................. arbeiten hier.　　　　あなたはここで働いています。
4　................. heiße Gundula.　　　私の名前はグンドゥラです。

　　主語に応じて動詞の語幹に加わる形に注意しましょう。

4 カッコ内の単語を並べ替えて空欄に入れ、文を作りなさい。動詞は現在形にすること。

1　Ich ....．［dorthin / reisen］　私はあそこへ旅行で行きます。
2　Sie ....．［trinken / Tee］　　あなたは紅茶を飲みます。
3　Ich ....．［morgen / kommen］　私は明日来ます。

　　現在形は主語に応じて形が変わります。また定動詞の位置にも気をつけましょう。

あなたは日本出身ですか？

決定疑問文
　決定疑問文は肯定か否定で答える疑問文です。
- 定動詞は文頭に置かれます。
- 主語は文頭から2番目の位置に置かれます。
- 文末は疑問符「?」で終わります。

1番目	2番目	3番目
Kommen（定動詞）	Sie（主語）	aus Japan?
あなたは日本出身ですか？		

 疑問文の定動詞は文頭に置く

決定疑問文への答え方
　決定疑問文に肯定で答えるときはJa、否定で答えるときはNeinで文を始めます。
質問：　　　　Kommen Sie aus Japan?　　　あなたは日本出身ですか。
肯定の答え：Ja, ich komme aus Japan.　　　はい、私は日本出身です。
否定の答え：Nein, ich komme aus China.　　いいえ、私は中国の出身です。

主語が3人称単数（er / sie / es）の場合の現在形
　3人称単数の人称代名詞はer, sie, esの3つです。
- 人間を表す場合、erは男性、sieは女性を表します。esは通常、人間を表すことはありません。
- 3人称単数の代名詞が主語の場合は通常、語幹の後にtを加えて現在形を作ります。
- sie（3人称単数）とSie（2人称単数）の区別に注意しましょう。

不定詞	kommen　来る	wohnen　住む
語幹	komm	wohn
3人称単数（主語：er / sie / es）	kommt	wohnt

 現在形は主語に応じて形が変わる

練習の前に！ 次の動詞の意味を調べ、語幹を作ってみよう。
spielen bleiben kaufen stehen

1 JaかNeinのどちらか適切な方を空欄に入れなさい。

1. Reisen Sie nach Japan?　　　　　あなたは日本へ旅行するのですか？
   ...., ich reise nach Japan.　はい、私は日本へ旅行します。
2. Arbeiten Sie in Japan?　　　　　　あなたは日本で働いているのですか？
   ...., ich arbeite in China.　いいえ、私は中国で働いています。
3. Wohnen Sie hier?　　　　　　　　あなたはここに住んでいるのですか？
   ...., ich wohne dort.　　　　いいえ、私はあそこに住んでいます。
4. Kaufen Sie Obst?　　　　　　　　あなたは果物を買いますか？
   ...., ich kaufe Brot.　　　　いいえ、私はパンを買います。

　　1番のnach Japan「日本へ」、**2番のin China**「中国で」は2語で副詞のように使います。

2 カッコ内の単語を使って主語がSie（2人称単数）の決定疑問文を作りなさい。動詞は現在形にすること。

1. ....? [Musik / hören]　　あなたは音楽を聴きますか？
2. ....? [Fußball / spielen]　あなたはサッカーをしますか？
3. ....? [hier / bleiben]　　あなたはここに留まりますか？
4. ....? [Brot / kaufen]　　あなたはパンを買いますか？

　　決定疑問文の定動詞の位置は平叙文の時とは違います。

3 カッコ内の不定詞を主語に合った現在形に変えて空欄に入れなさい。

1. Er .... aus Japan. [kommen]　　　彼は日本出身です。
2. .... Sie Tee? [trinken]　　　　　　あなたは紅茶を飲みますか？
3. Ich .... in Japan. [wohnen]　　　　私は日本に住んでいます。
4. .... sie dort? [stehen]　　　　　　彼女はあそこに立っているのですか？
5. .... er in Japan? [bleiben]　　　　彼は日本に留まるのですか？
6. Sie .... Anna. [heißen]　　　　　　彼女の名前はアンナです。
7. Er .... Obst. [kaufen]　　　　　　彼は果物を買います。

　　3番のin Japan「日本で」もまた2語でひとまとまりの表現です。

あなたはどこでパンを買いますか?

補足疑問文

補足疑問文は、肯定・否定で答えられない、内容を問う疑問文です。
- 補足疑問文は**疑問詞**を使って作ります。
- 疑問詞はどれもwで始まります。
- 疑問詞は文頭、定動詞は2番目、主語は3番目の位置に置かれます。主語の後にはその他の要素が置かれます。
- 文末は疑問符「?」で終わります。

1番目	2番目	3番目	それ以降
Wo（疑問詞）	kaufen（定動詞）	Sie（主語）	Brot?
あなたはどこでパンを買いますか？			

 疑問詞は文頭に置く

【基本的な疑問詞】

wann（いつ）　　warum（なぜ）　　wie（どのように）
wo（どこで）　　woher（どこから）　wohin（どこへ）

主語がduの場合の現在形

2人称単数の人称代名詞にはduもあります。
- duは友人や職場の同僚同士、家族の間で使う2人称単数の人称代名詞です。そのため、これを**親称**と呼びます。
- Sieは特に親しい間柄ではない相手に対して使う2人称単数の人称代名詞です。そのため、これを**敬称**と呼びます。ファーストネームで呼びあう間柄でなければduは避けましょう。
- duが主語の場合は通常、語幹の後にstを加えて現在形を作ります。

不定詞	schreiben　書く	trinken　飲む
語幹	schreib	trink
2人称単数・親称（主語：du）	schreibst	trinkst
2人称単数・敬称（主語：Sie）	schreiben	trinken

 2人称単数には親称と敬称がある

練習の前に！ 次の動詞の意味を調べ、語幹を作ってみよう。
frühstücken　　gehen　　schlafen　　lernen

1 空欄に適切な疑問詞を入れなさい。

1 .... heißen Sie?　　あなたのお名前はなんですか？（＝どのようにいいますか）
2 .... kommt er?　　彼はどこの出身ですか？（＝どこから来ましたか）
3 .... reist sie?　　彼女はどこへ旅行に行くのですか？
4 .... kaufst du Brot?　　君はいつパンを買うのかい？
5 .... arbeiten Sie?　　あなたはどこで働いているのですか？

親称と敬称の違いに気をつけましょう。

2 カッコ内の単語を使って補足疑問文を作りなさい。動詞は現在形にすること。

1 .... ?［du / gehen / wohin］　君はどこへ行くのかい？
2 .... ?［Sie / schlafen / wo］　あなたはどこで寝るのですか？
3 .... ?［sie / heißen / wie］　彼女の名前は何ですか？
4 .... ?［er / spielen / Fußball / wann］
いつ彼はサッカーをするのですか？
5 .... ?［Sie / lernen / Deutsch / warum］
あなたはなぜドイツ語を勉強しているのですか？

疑問詞は文頭に置かれることに注意しましょう。

3 カッコ内の単語を並べ替えて空欄に入れ、文を作りなさい。動詞は現在形にすること。

1 .... hier?［du / frühstücken］　君はここで朝食をとるのかい？
2 Wann .... ?［Sie / reisen / nach Japan］
あなたはいつ日本に旅行するのですか？
3 .... sie?［wohnen / wo］　彼女はどこに住んでいるのですか？
4 .... Tee?［du / trinken］　君は紅茶を飲むかい？
5 Hier ....［ich / arbeiten］　ここで私は働いています。

2人称単数・敬称のSieは文頭に置かれない時も大文字で書き始めます。

第4課 私たちはいつコーヒーを飲みますか？

複数の現在形

複数の人称代名詞はwir（1人称）、ihr（2人称）、Sie（2人称）、sie（3人称）の4種類があります。

- ihrは親称の人称代名詞で、親しい相手に対して用います。特に親しくない相手には単数の時と同じくSieを用います。
- sie（3人称複数）とsie（3人称単数）の区別に注意しましょう。
- 通常、wir / Sie / sieが主語の場合は語幹の後にen、ihrの場合はtを加えて現在形を作ります。
- sieが主語の場合の動詞現在形はSieが主語の場合と同じです。

不定詞	machen　する	schwimmen　泳ぐ
語幹	mach	schwimm
1人称複数（主語：wir）	machen	schwimmen
2人称複数・親称（主語：du）	macht	schwimmt
2人称複数・敬称（主語：Sie）	machen	schwimmen
3人称複数（主語：sie）	machen	schwimmen

 複数の現在形は単数の場合とは形が違う

代名詞と現在形のまとめ

主語に応じた形の変化を**人称変化**と呼びます。人称代名詞と現在人称変化で語幹の後に通常加えられる形は以下のようにまとめられます。

	単数	複数
1人称	ich ...-e	wir ...-en
2人称・親称	du ...-st	ihr ...-t
2人称・敬称	Sie ...-en	Sie ...-en
3人称	er / sie / es ...-t	sie ...-en

練習の前に！　次の動詞の意味を調べ、現在人称変化を練習してみよう。
fliegen　　schwimmen　　wohnen　　zahlen

1　カッコ内の不定詞を主語に合った現在形に変えて空欄に入れなさい。

1　Wann .... wir Kaffee?〔trinken〕　私たちはいつコーヒーを飲みますか？
2　Wohin .... sie?〔fliegen〕　あの人たちは飛行機でどこへ行くのですか？
3　................ ihr gern?〔schwimmen〕　君たちは泳ぐのは好きかい？
4　Hier .... sie.〔wohnen〕　あの人たちはここに住んでいます。
5　Wir .... jetzt.〔frühstücken〕　私たちは今、朝食をとっています。
6　................ Sie nach Deutschland?〔reisen〕
　あなたたちはドイツへ旅行するのですか？

6番のDeutschlandは「ドイツ」のことです。

2　点線が引かれたもののうち、適切な主語を選びなさい。

1　Ich / Du / Sie kommt aus Deutschland.　彼女はドイツ出身です。
2　Wann kommst du / sie / wir ?　君はいつ来るんだい？
3　Lernt du / ihr / Sie Deutsch?　君たちはドイツ語の勉強をしているのかい？
4　Ich / Er / Wir kaufen Brot.　私たちはパンを買います。

「彼女」を指すsieと「あの人たち」を指すsieの違いに気をつけましょう。

3　カッコ内の単語を並べ替えて空欄に入れ、文を作りなさい。動詞は現在形にすること。

1　................................ ?〔Sie / wie / heißen〕　あなたたちのお名前は何ですか？
2　Sie ....〔in München / wohnen〕
　あの人たちはミュンヘンに住んでいます。
3　................................ ?〔Paul / wo / wohnen〕
　パウルはどこに住んでいるのですか？
4　................................ ?〔Tee / ihr / trinken〕　君たちは紅茶を飲むかい？
5　................................ ?〔wir / warum / hier / bleiben〕
　どうして私たちはここに留まっているのですか？

決定疑問文と補足疑問文の違いを思い出してみましょう。

第5課 君はパンを食べるかい?

現在形が不規則な人称変化をする動詞(1)

2人称単数・親称または3人称単数の場合、現在形が特別な形になる動詞が2グループあります。

【Aグループ】 essen 食べる　geben 与える　helfen 助ける
　　　　　　 lesen　読む　　sehen　見る　　treffen 会う　など

【Bグループ】 fahren 行く　 fallen 落ちる　laufen 走る
　　　　　　 schlafen 眠る　waschen 洗う　など

以下に注意しましょう。
- Aグループの動詞は語幹のeがi / ieになります。
- Bグループの動詞は語幹のaがäになります。
- 2人称単数・親称または3人称単数の場合以外は規則的に現在形を作ります。

不定詞	essen 食べる	helfen 助ける	fahren 行く	waschen 洗う
語幹	ess	helf	fahr	wasch
1人称単数(主語:ich)	esse	helfe	fahre	wasche
2人称複数・親称(主語:du)	isst	hilfst	fährst	wäschst
3人称単数(主語:er / sie / es)	isst	hilft	fährt	wäscht

 2人称複数・親称と3人称単数の現在形が特殊な形になる動詞がある

seinの現在人称変化

動詞sein「~である／いる」は現在人称変化が特殊なので注意しましょう。語幹はseiです。

	単数		複数	
1人称	(主語:ich)	bin	(主語:wir)	sind
2人称・親称	(主語:du)	bist	(主語:ihr)	seid
2人称・敬称	(主語:Sie)	sind	(主語:Sie)	sind
3人称	(主語:er / sie / es)	sind	(主語:sie)	sind

 seinは極めて特殊な現在人称変化になる

練習の前に！ 次の動詞の中で、現在人称変化が規則的なものを選んでみよう。

essen   gehen   kaufen   laufen

1 カッコ内の不定詞を主語に合った現在形に変えて空欄に入れなさい。

1. Ich .... Brot. [essen]   私はパンを食べます。
2. .... er Brot? [essen]   彼はパンを食べますか？
3. .... du Brot? [essen]   君はパンを食べるかい？
4. Wann .... Sie dorthin? [fahren]   あなたはいつあそこへ行きますか？
5. .... du nach Tokyo? [fahren]   君は東京へ行くかい？
6. Er .... schnell. [laufen]   彼は早く走る。
7. .... du gern? [laufen]   君は走るのが好きかい？
8. Wir .... dorthin. [laufen]   私たちはあそこへ走ります。

現在人称変化は不規則でもよく使われる動詞が多いので繰り返し練習しましょう。

2 動詞seinを主語に合った現在形に変えて空欄に入れなさい。

1. Hallo, ich .... Sylvia.   今日は。私はシルヴィアです。
2. Wir .... glücklich.   私たちは幸せです。
3. Er .... Arzt.   彼は医者です。
4. Warum .... du böse?   君はどうして怒っているんだい？
5. Er .... Student.   彼は大学生です。
6. Es .... billig.   それは値段が安いです。
7. Sie .... nett.   彼女は感じがいいです。
8. .... ihr müde?   君たちは疲れているかい？

動詞seinはIch bin Arzt.「私は医者です」、Ich bin Student.「私は大学生です」など自己紹介の時に便利に使うことができます。

0から19までの基数詞

0から12までの基数詞

0から12までの数はそれぞれ独立した基数詞で表します。
●文字で書く場合は通常、12までは数字でなく、読み方をそのまま書きます。

数字	基数詞	数字	基数詞	数字	基数詞
0	null	1	eins	2	zwei
3	drei	4	vier	5	fünf
6	sechs	7	sieben	8	acht
9	neun	10	zehn	11	elf
12	zwölf				

13から19までの基数詞

13から19までは原則として1の位の基数詞の後にzehnを加えて表します。16と17は例外的な形です。

数字	基数詞	数字	基数詞	数字	基数詞
13	dreizehn	14	vierzehn	15	fünfzehn
16	sechzehn	17	siebzehn	18	achtzehn
19	neunzehn				

数式の読み方の例

「＋」はplus,「－」はminusと読みます。「＝」はistと読みます。

足し算

$1 + 1 = 2$　　　Eins plus eins ist zwei.
$2 + 4 = 6$　　　Zwei plus vier ist sechs.

引き算

$3 - 2 = 1$　　　Drei minus zwei ist eins.
$6 - 2 = 4$　　　Sechs minus zwei ist vier.

1 次の数式の読み方を書いてみましょう。

1　3 + 5 = 8
2　9 + 5 = 14
3　11 + 2 = 13
4　8 − 3 = 5
5　11 − 6 = 5
6　16 − 9 = 7

2 次の読み方をする数式を書いてみましょう。

1　Acht plus drei ist elf.
2　Zehn plus sieben ist siebzehn.
3　Zwölf plus sechs ist achtzehn.
4　Vier minus vier ist null.
5　Vierzehn minus acht ist sechs.
6　Neunzehn minus elf ist acht.

7番ホームから
ハンブルクへ出発

解答

1　1. Drei plus fünf ist acht.　　2. Neun plus fünf ist vierzehn.
　　　3. Elf plus zwei ist dreizehn.　4. Acht minus drei ist fünf.
　　　5. Elf minus sechs ist fünf.　6. Sechzehn minus neun ist sieben.
2　1. 8 + 3 = 11　2. 10 + 7 = 17　3. 12 + 6 = 18　4. 4 − 4 = 0　5. 14 − 8 = 6　6. 19 − 11 = 8

私はパンと果物を買います

語幹がd / t / nで終わる動詞

語幹がd / t / nで終わる動詞の現在形は、2人称単数・親称または3人称単数の場合に特殊な形になります。
- 2人称単数・親称の場合、語幹の後にestを加えて現在形を作ります。
- 3人称単数の場合、語幹の後にetを加えて現在形を作ります。

不定詞	finden 思う／見つける	arbeiten 働く	öffnen 開ける
語幹	find	arbeit	öffn
1人称単数（主語：ich）	finde	arbeite	öffne
2人称単数・親称（主語：du）	findest	arbeitest	öffnest
3人称単数（主語：er / sie / es）	findet	arbeitet	öffnet

 語幹がd / t / nで終わる動詞は特殊な形になることも

werdenの現在人称変化

動詞werden「〜になる」は現在人称変化が特殊なので注意しましょう。語幹はwerdです。

	単数		複数	
1人称	（主語：ich）	werde	（主語：wir）	werden
2人称・親称	（主語：du）	wirst	（主語：ihr）	werdet
2人称・敬称	（主語：Sie）	werden	（主語：Sie）	werden
3人称	（主語：er / sie / es）	wird	（主語：sie）	werden

並列接続詞

並列接続詞は様々な要素を結びつけます。
- 文と文を結びつける場合、文頭に置かれても1番目の文要素にはなりません。
- 文字で書く場合、接続詞の前にコンマを置くことがあります。

【並列接続詞】und そして　　aber しかし　　denn なぜなら　　oder あるいは

Ich kaufe Brot und Obst.　　私はパンと果物を買います。
Trinken Sie Kaffee oder Tee?　あなたはコーヒーと紅茶のどちらを飲みますか？
Ich wohne in Kobe, aber ich arbeite in Osaka.
私は神戸に住んでいますが大阪で働いています。

練習の前に！ 次の動詞の意味を調べ、現在人称変化を練習してみよう。
fahren　　heiraten　　kennen　　warten

1 カッコ内の不定詞を主語に合った現在形に変えて空欄に入れなさい。
1　Er .... draußen.〔arbeiten〕　彼は外で働いています。
2　Wir .... in Deutschland.〔arbeiten〕　私たちはドイツで働いています。
3　.............. du oben?〔warten〕　君は上で待っているのかい？
4　Wo .... Simone?〔warten〕　ジモーネはどこで待っているのですか？
5　Wann .... ihr?〔heiraten〕　君たちはいつ結婚するんだい？

語幹の後に特別にeを加えるのはそれがないと発音しにくくなる時です。

2 動詞werdenを主語に合った現在形に変えて空欄に入れなさい。
1　Johanna .... Ärztin.　ヨハンナは医者になる。
2　Ich .... müde.　私は眠くなります。
3　Er .... krank.　彼は病気になる。
4　Heinz und Ralf .... reich.　ハインツとラルフはお金持ちになる。
5　Wir .... alt.　私たちは年老いる。

動詞werdenは動詞seinと同じように頻繁に使います。

3 カッコ内の単語を並べ替えて空欄に入れ、文を作りなさい。動詞は現在形にすること。
1　Wir .... Obst.〔essen / und / Gemüse〕
　私たちは野菜と果物を食べます。
2　Paul ....
　〔aber / Sabine / Bier / Wasser / trinken / trinken〕
　パウルはビールを飲みますが、ザビーネは水を飲みます。
3　.............. in Mainz?〔oder / Frankfurt / in / er / wohnen〕
　彼はフランクフルトとマインツのどちらに住んでいますか？
4　Er ....
　〔und / nach Berlin / Musik / fahren / hören〕
　彼はベルリンに行って音楽を聴きます。
5　Willi ....
　〔denn / er / zu Hause / krank / bleiben / sein〕
　ヴィリは病気なので家に留まります。

並列接続詞の位置に注意しましょう。

その映画は面白いです

名詞の性

名詞には**性**の区別があります。人間や動物以外の、自然の性が備わらないものを表す名詞にも性の区別があります。
- 名詞の性には**男性**・**女性**・**中性**の3種類があります。
- 名詞は文頭でなくとも大文字で書き始めます。
- 名詞の**基本形**は**主格**の形で、これが辞書の見出し語になります。

 名詞には3つの性の区別がある

男性主格・対格の定冠詞

定冠詞は名詞の**格**に応じて形が変わることがあります。特に**主格**と**対格**が重要です。まず男性名詞を取り上げます。
- 特定の人や物を指す名詞の前には通常、**定冠詞**を伴います。
- 主格は通常、文中では**主語**として使います。
- 主格の男性名詞に伴う**定冠詞**はderです。
- 対格は文の中では通常、**直接目的語**として使います。
- 対格の男性名詞に伴う定冠詞はdenです。

	基本形	定冠詞を伴う主格	定冠詞を伴う対格
男性名詞	Arzt　医師	der Arzt	den Arzt
	Tisch　机	der Tisch	den Tisch

ドイツ語文法の参考書や教材では主格は「1格」、対格は「4格」と呼ばれることもあります。

 男性名詞は主格と対格で定冠詞の形が異なる

練習の前に！ 次の名詞の意味と性を調べてみよう。
Buch　　Fernseher　　Film　　Party

 1 男性主格の定冠詞を空欄に入れなさい。

1　.............. Fernseher ist kaputt.　　そのテレビは壊れています。
2　.............. Film ist interessant.　　その映画は面白いです。
3　Wo ist .... Bahnhof?　　駅はどこですか？
4　Ist .... Bahnhof weit?　　その駅は遠いですか？
5　Ist .... Zug voll?　　その列車は満員ですか？

この課の練習問題に出てくる名詞はすべて男性名詞です。

 2 男性対格の定冠詞を空欄に入れなさい。

1　Manfred findet .... Film gut.
　　マンフレートはその映画を良いと思っています。
2　Ich öffne .... Kühlschrank.　　私はその冷蔵庫を開きます。
3　Kennst du .... Gast?　　君はそのお客さんを知っているかい？
4　Ich brauche .... Schlüssel.　　私は鍵が必要だ。

男性対格の定冠詞は男性主語と形が違います。

3 適切な形の男性の定冠詞を空欄に入れなさい。

1　Kaufen Sie .... Stuhl?　　あなたはそのイスを買いますか？
　　— Ja, ... Stuhl ist schön.　　はい、このイスはきれいです。
2　Kaufen Sie .... Fernseher?　　あなたはそのテレビを買いますか？
　　— Nein, ... Fernseher ist teuer.　　いいえ、このテレビは値段が高いです。
3　Kaufen Sie .... Anzug?　　あなたはそのスーツを買いますか？
　　— Ja, ich kaufe .... Anzug.　　はい、私はこのスーツを買います。

主語になる名詞は主格、目的語になる名詞は対格になるのが普通です。

学生食堂はあそこです

女性主格・対格と中性主格・対格の定冠詞

女性名詞と中性名詞の定冠詞については、以下に注意しましょう。
- 主格の女性名詞に伴う定冠詞は die です。
- 主格の中性名詞に伴う定冠詞は das です。
- 対格の女性名詞・中性名詞に伴う定冠詞は主格の場合と同じ形です。
- 女性名詞・中性名詞は主格か対格かを前後の脈絡から判断します。

	基本形	定冠詞を伴う主格	定冠詞を伴う対格
女性名詞	Ärztin　医師（女性）	die Ärztin	die Ärztin
	Blume　花	die Blume	die Blume
中性名詞	Kind　子供	das Kind	das Kind
	Buch　本	das Buch	das Buch

 女性名詞・中性名詞の定冠詞は主格と対格が同じ

名詞を受ける代名詞

代名詞で名詞を置き換える場合、以下に注意しましょう。
- 置き換える名詞の性に応じた代名詞を使います。
- 人間を表さない名詞に er や sie を用いることがあります。

der Arzt	医師	der Baum	木	→	er
die Ärztin	医師（女性）	die Hand	手	→	sie
das Kind	子供	das Buch	本	→	es

 人間を表さない男性名詞や女性名詞にも er や sie を用いる

練習の前に！　次の名詞の意味と性を調べてみよう。
Bluse　　Flugzeug　　Mensa　　Zug

1 女性または中性主格の定冠詞を空欄に入れなさい。

1　.................. Mensa ist dort.　　　学生食堂はあそこです。
2　Ist .... Party heute?　　　パーティーは今日ですか？
3　.................. Bluse ist teuer.　　　そのブラウスは値段が高いです。
4　Wann kommt .... Flugzeug?　　飛行機はいつ来るのですか？
5　Ist .... Buch dick?　　　その本は厚いですか？

1、2、3番は女性名詞、4、5番は中性名詞の練習問題です。

2 適切な形の女性または中性の定冠詞を空欄に入れなさい。

1　Wo finde ich .... Fahrrad?　　自転車はどこで見つかるのだろう？
　— .... Fahrrad steht hier.　　その自転車はここにあるよ。
2　Kennst du .... Ärztin?　　君はその医師（女性）を知っているの？
　— Ja, ... Ärztin ist nett.　　ああ、その医師（女性）は親切だよ。
3　Wo kaufen Sie .... Buch?　　あなたはその本をどこで買うのですか？
　— .... Buch kaufe ich dort.　　私はその本をあそこで買います。

1番のFahrrad「自転車」は中性名詞です。

3 適切な形の代名詞を空欄に入れなさい。

1　Wo ist die Verkäuferin?　　店員さん（女性）はどこですか？
　— .... ist hier.　　その人はここです。
2　Wo ist der Bahnhof?　　駅はどこですか？
　— .... ist dort.　　それはあそこです。
3　Findest du den Film interessant?　君はその映画を面白いと思うかい？
　— Ja, ... ist interessant.　ああ、それは面白いよ。
4　Wohin fährt der Bus?　　そのバスはどこへ行くのですか？
　— .... fährt nach Leipzig.　それはライプツィヒに行きます。

Ärztin「医師（女性）」、Verkäuferin「店員（女性）」のように女性の人物を指す名詞は女性名詞になるのが原則です。

ここに一本の木があります

主格・対格の不定冠詞

名詞には**不定冠詞**が伴う場合もあります。不定冠詞も名詞の性・格により形が変わることがあります。以下に注意しましょう。

- 不定冠詞は特定されない人や物を指す名詞の前に伴います。
- 主格の名詞に伴う不定冠詞は男性名詞の場合はein、女性名詞の場合はeine、中性名詞の場合はeinです。
- 男性名詞と中性名詞の主格不定冠詞は同じ形です。
- 対格の名詞に添える不定冠詞は男性名詞の場合はeinen、女性名詞の場合はeine、中性名詞の場合はeinです。
- 男性名詞は主格と対格で不定冠詞の形が異なりますが、女性名詞と中性名詞は同じ形です。
- 数詞のeins「1」と混同しないようにしましょう。

	基本形	定冠詞を伴う主格	不定冠詞を伴う主格	不定冠詞を伴う対格
男性名詞	Baum　木	der Baum	ein Baum	einen Baum
女性名詞	Jacke　上着	die Jacke	eine Jacke	eine Jacke
中性名詞	Foto　写真	das Foto	ein Foto	ein Foto

 不定冠詞も名詞の性に合わせて変化する

疑問詞was

物やできごとについて尋ねる補足疑問文では疑問詞としてwas「何が／何を」を使います。以下に注意しましょう。

- 疑問詞wasは主格・対格が同じ形です。
- 疑問詞wasが主語になる場合、動詞は3人称単数の形になります。

　Was machst du heute?　今日は、君は何をしますか。

練習の前に！ 次の名詞の意味と性を調べてみよう。
Bäckerei　　Brief　　Doppelzimmer　　Haus

1 主格の不定冠詞を空欄に入れなさい。

1　Hier steht .... Baum.　　ここに一本の木があります。
2　Hier wohnt .... Lehrer.　　ここに一人の教師（男性）が住んでいます。
3　Hier ist .... Bäckerei.　　ここには一軒のパン店があります。
4　.................. Studentin liest ein Buch.
　　一人の大学生（女性）が一冊の本を読んでいます。
5　Dort steht .... Haus.　　あそこに一軒の家があります。

　　4番のStudentin「大学生（女性）」は女性の人物を指すので女性名詞です。

2 適切な形の不定冠詞を空欄に入れなさい。

1　Die Studentin schreibt .... Brief.
　　その大学生（女性）は一通の手紙を書いています。
2　Ich lese .... Buch.　　私は一冊の本を読んでいます。
3　Kauft ihr .... Computer?　　君たちはコンピュータを一台買うのかい？
4　Wir brauchen .... Doppelzimmer.
　　私たちはツインルームが一つ必要です。
5　Beata sucht .... Jacke.　　ベアータは上着を一着探しています。

　　3番のComputer「コンピュータ」の性は何になるでしょうか。巻末の単語リストにヒントがあるので確認してみましょう。

3 カッコ内の単語を並べ替えて空欄に入れ、文を作りなさい。動詞は現在形にすること。

1　.............................? ［Sie / was / suchen］　あなたは何を探しているのですか？
2　.............................? ［du / was / trinken］　君は何を飲むのかい？
3　.............................? ［er / eine E-Mail / warum / schreiben］
　　彼はなぜ電子メールを書くんだい？
4　.............................? ［ein Zug / nach Dresden / fahren］
　　ドレスデンまで行く列車はありますか？
5　.............................? ［ich / ein Taxi / wo / finden］
　　タクシーはどこで見つかりますか？

　　3番のE-Mail「電子メール」は女性名詞、4番のZug「列車」は男性名詞、5番のTaxi「タクシー」は中性名詞です。

第10課 ご家族はありますか？

語幹がs / z / ßで終わる動詞

語幹がs / z / ßで終わる動詞は、2人称単数・親称の場合、現在形が特殊な形になります。以下に注意しましょう。
- 語幹の後にtのみを加えて現在形を作ります。
- 2人称単数・親称と3人称単数の現在形は同じ形です。

不定詞	reisen 旅行する	tanzen 踊る	heißen ～という名である
語幹	reis	tanz	heiß
1人称単数（主語：ich）	reise	tanze	heiße
2人称単数・親称（主語：du）	reist	tanzt	heißt
3人称単数（主語：er / sie / es）	reist	tanzt	heißt

 特殊な動詞の変化に気をつけましょう

現在形が不規則な人称変化をする動詞（2）

現在形が不規則な人称変化をするいくつかの重要な動詞があります。

不定詞		haben 持つ	tun する	wissen 知っている	mögen 好きである	nehmen 取る
語幹		hab	tu	wiss	mög	nehm
単数	1人称（主語：ich）	habe	tue	weiß	mag	nehme
	2人称・親称（主語：du）	hast	tust	weißt	magst	nimmst
	2人称・敬称（主語：Sie）	haben	tun	wissen	mögen	nehmen
	3人称（主語：er / sie / es）	hat	tut	weiß	mag	nimmt
複数	1人称（主語：wir）	haben	tun	wissen	mögen	nehmen
	2人称・親称（主語：ihr）	habt	tut	wisst	mögt	nehmt
	2人称・敬称（主語：Sie）	haben	tun	wissen	mögen	nehmen
	3人称（主語：sie）	haben	tun	wissen	mögen	nehmen

 重要な動詞は不規則な変化をすることが多い

練習の前に！ 次の動詞の意味を調べ、現在人称変化を練習してみよう。
bleiben   gehen   lachen   lesen

1 点線が引かれたもののうち、適切な主語を選びなさい。
1 Ich / Er / Wir heißt Paul.　　　　　　彼の名前はパウルです。
2 Reist ich / Gisela / Sie nach Japan?　ギーゼラは日本へ旅行するのですか？
3 Hier sitzt wir / ich / sie.　　　　　　ここに彼女は座っている。

ここでも発音のしやすさが動詞の末尾の形を左右しています。

 2 動詞 haben を主語に合った現在形に変えて空欄に入れなさい。
1 Wir .... heute einen Gast.　　うちには一人のお客さんがいます。
2 Der Student .... ein Auto.　　その大学生は自動車を一台持っている。
3 .... Sie Familie?　　　　　　ご家族はありますか？
4 Sie .... jetzt ein Baby.　　　あの人たちには今では赤ん坊がいます。
5 Sie .... eine Schwester.　　　彼女には姉（または妹）がいます。
6 .... das Zimmer ein Bad?　　　その部屋には浴室はありますか？
7 Wann .... Jan Geburtstag?　　ヤンの誕生日はいつですか？
8 Ich .... eine Bitte.　　　　　お願いがあります。

haben「持つ」は特に２人称単数・親称と３人称単数の時に特殊な形になります。

3 カッコ内の単語を並べ替えて空欄に入れ、文を作りなさい。動詞は現在形にすること。
1 ....? [tun / heute / du / was]　君は今日は何をするの？
2 Er .... [mögen / den Film]　彼はこの映画が好きです。
3 ....? [nehmen / Manfred / warum / ein Taxi]
どうしてマンフレートはタクシーに乗るの？
4 .... Pommes Frites? [Sie / mögen]
あなたはフライドポテトが好きですか？

平叙文、決定疑問文、補足疑問文の定動詞の位置の違いを思い出してみましょう。

第11課 彼は歌がとても上手です

動詞を修飾する副詞
副詞は、動詞の修飾に使うことができます。
- 主語を文頭に置く場合、副詞は動詞の直後に置かれます。
- 形容詞を副詞として使うことができます。その際は通常、gut「良い」→ gut「良く／上手に」のように語の形は変わりません。

1番目	2番目	3番目	4番目
Der Mann	wartet	draußen.	
その男の人は外で待っています。			

Ich	schreibe	heute	einen Brief.
私は今日、手紙を一通書きます。			

Takuya	spricht	gut	Deutsch.
卓也はドイツ語がとても上手です。			

形容詞・副詞・名詞を修飾する副詞
副詞は後続する形容詞や他の副詞、先行する名詞を修飾できます。

Er singt sehr gut.	彼は歌がとても上手です。
Das Auto fährt zu schnell.	この自動車は速すぎる。
Das Buch hier ist teuer.	ここにある本は値段が高い。

 副詞の位置はさまざま

量の表現
飲み物や食べ物に関わる表現では、それらを表す名詞に定冠詞や不定冠詞を添えず、代わりに量を表す名詞を添えることが多くあります。

Ich trinke ein Glas Wein.	私はワインを一杯飲みます。
Er kauft eine Flasche Bier.	彼はビールを一瓶買います。
Essen Sie ein Stück Kuchen?	あなたはケーキを一切れ食べますか？

練習の前に！ 次の単語の中から副詞を選んでみよう。
gern　　morgen　　müde　　schnell

1 次から適切な副詞を選んで空欄に入れなさい。

> bald　まもなく　　　dort　あそこで　　　lange　長い間　　　mal　ちょっと
> morgen　明日

1　Der Zug kommt ....　　　　　　その列車はまもなく来る。
2　Ich kaufe .... die Zeitung.　　　私は明日その新聞を買います。
3　Der Mann .... ist Lehrer.　　　あそこの男性は教師です。
4　Er schläft ....　　　　　　　　彼は長い時間寝ています。
5　Wir gehen .... dorthin.　　　　私たちはちょっとそこに行こうと思っている。

それぞれの副詞がどの語を修飾しているかを考えてみましょう。

2 カッコ内の単語を並べ替えて空欄に入れ、文を作りなさい。その際、動詞は適切な形に変化させること。

1　.................................... ? [du / sein / schon / fertig]　もう終わったの？
2　Sie .... [Deutsch / jetzt / lernen]
　　その人たちは今はドイツ語を勉強している。
3　Er .... [Tee / vielleicht / trinken]
　　彼はもしかしたら紅茶を飲むかもしれない。
4　Ich .... [sehr / sein / müde]　私はとても疲れました。
5　.................................... teuer. [zu / sein / der Fernseher]
　　そのテレビは値段が高すぎる。

動詞seinの特殊な現在人称変化を思い出してみましょう。

3 次から適切な表現を選び、空欄に入れなさい。

> ein　　eine　　einen　　eine Tasse　カップ　　ein Glas　グラス

1　.................... Wasser, bitte!　　　　　水を一杯お願いします。
2　Sie schreibt .... E-Mail.　　彼女は電子メールを一通書きます。
3　Der Junge liest .... Buch.　　その男の子は一冊の本を読んでいます。
4　Trinken Sie .... Tee?　　　　紅茶を一杯飲まれますか？
5　Wir haben .... Hund.　　　　私たちは犬を一匹飼っている。

ここでは飲み物や食べ物に関わる表現かどうかが重要なヒントになります。

第12課 子供たちは外で遊んでいる

複数形と複数の定冠詞

　辞書の名詞の見出し語は原則として**単数形**です。単数形と**複数形**は異なることがあります。

- 名詞の複数形の作り方には大きく以下の5つのパターンがあります。母音が変音することもあります。
- 複数形の名詞に伴う定冠詞は性に関わらずdieです。主格と対格は同じ形です。

複数形の作り方	定冠詞を伴う単数主格		定冠詞を伴う複数主格・対格
語尾にeを加える	der Schuh	靴	die Schuhe
	der Baum	木	die Bäume
語尾にerを加える	das Kind	子供	die Kinder
	der Buch	本	die Bücher
語尾にn / enを加える	die Blume	花	die Blumen
	die Frau	女性	die Frauen
語尾にsを加える	das Hotel	ホテル	die Hotels
変化なし	der Fernseher	テレビ	die Fernseher
	der Bruder	兄／弟	die Brüder

　🛟 **複数形の作り方はさまざま**

複数の不定冠詞

　複数形の名詞に伴う不定冠詞はありません。不定冠詞を伴う名詞を複数形にすると冠詞は除かれます。

不定冠詞を伴う単数主格	不定冠詞を伴う複数主格・対格
ein Prüfung　試験	Prüfungen

練習の前に！ 次の単数主格の表現を複数主格にしてみよう。
die Fahrkarte　　das Haus　　der Student　　der Zug

1 次の名詞を複数主格にしなさい。定冠詞も添えること。

1 .... sind nicht mehr da. [der Baum]　木々がなくなっている。
2 .... sind kaputt. [der Schuh]　靴が壊れている。
3 .... sind schön. [die Blume]　花々は美しい。
4 .... stehen im Regal. [das Buch]　本（複数）が棚にある。
5 .... in Tokyo sind klein. [das Haus]　東京の家々は小さい。
6 .... in Amerika sind groß. [das Hotel]
アメリカのホテル（複数）は大きい。
7 .... fahren stündlich. [der Bus]　バスは1時間おきに走る。
8 .... spielen Klavier. [die Studentin]
大学生（女性）たちがピアノを弾いている。

7番のBusの複数形はBusse, 8番のStudentinの複数形はStudentinenとなります。

2 カッコ内の名詞を複数形にして空欄に入れなさい。冠詞も適切な形にすること。

1 .... sind voll. [der Zug]　列車（複数）は満員だ。
2 Wir haben .... [die Fahrkarte]　私たちは切符（複数）を持っている。
3 .... trinken Wein. [die Frau]　女性たちはワインを飲んでいる。
4 .... spielen draußen. [das Kind]　子供たちは外で遊んでいる。
5 Ute hat zwei .... [ein Fahrrad]　ウーテは自転車を2台持っている。
6 Dort stehen drei .... [ein Haus]　あそこに家が3軒立っている。
7 Die Studenten haben jetzt fünf .... [eine Prüfung]
大学生たちはこれから5つ試験がある。

5番のFahrradは語尾にerを加えて複数形を作りますが、同時に母音が変音することを忘れないようにしましょう。

第13課 私はそれを買います

代名詞の対格

これまで扱った代名詞は主格でした。代名詞は対格（7課で紹介しました）の場合、形が大きく変わることがあります。

		1人称	2人称		3人称		
			親称	敬称			
単数	主格	ich	du	Sie	er	sie	es
	対格	mich	dich	Sie	ihn	sie	es
複数	主格	wir	ihr	Sie	sie		
	対格	uns	euch	Sie	sie		

🛟 **対格の代名詞は主格と形が大きく変わるものがある**

代名詞の与格

代名詞には与格の形もあります。
- 与格は通常、間接目的語を表しますが、そうでない場合もあります。
- 1人称複数と2人称複数・親称は対格と与格は同じ形です。

		1人称	2人称		3人称		
			親称	敬称			
単数	主格	ich	du	Sie	er	sie	es
	与格	mir	dir	Ihnen	ihm	ihr	ihm
複数	主格	wir	ihr	Sie	sie		
	与格	uns	euch	Ihnen	ihnen		

ドイツ語文法の参考書や教材によっては与格は「3格」と呼ばれることもあります。

前置詞 für / ohne / mit / zu / von

前置詞の後には通常、対格か与格の要素が置かれます。以下の前置詞は後に置かれる名詞・代名詞の格が決まっています。

【対格を伴う前置詞】　für　〜のため　　　　　ohne　〜なしで
【与格を伴う前置詞】　mit　〜と共に/〜で　　von　〜の/〜から/〜により
　　　　　　　　　　　zu　〜へ

練習の前に！ 次の名詞の意味と性を調べてみよう。
Buch　　Geschenk　　Hobby　　Postkarte

1 カッコ内の代名詞を対格にして空欄に入れなさい。

1　Wo sind Susi und Maja? Wir suchen .... ［sie］
　　ズージーとマヤはどこですか？　私たちは2人を捜しているのです。
2　Das Buch ist sehr gut. Ich kaufe .... ［es］
　　その本はとてもいい。私はそれを買います。
3　Da kommt Sabine. Kennen Sie .... ? ［sie］
　　あそこにザビーネが来る。彼女を知ってますか？
4　Ist Marco heute nicht da? Gut, ich sehe .... morgen. ［er］
　　マルコは今日は留守ですか？　結構です。彼には明日会いましょう。

　　　定冠詞の主格・対格の形を対応する代名詞と比べてみましょう。語尾が似ていますね。

2 カッコ内の代名詞を与格にして空欄に入れなさい。

1　Ich schreibe .... eine Postkarte. ［Sie］
　　私はあなたに絵葉書を書きます。
2　Gibst du .... das Handy? ［ich］　　ぼくにその携帯電話をくれる？
3　Wann helfen Sie .... ? ［er］　　あなたはいつ彼の手伝いをするのですか？
4　Ich danke .... ［du］　　ありがとう。（君にお礼を言うよ）

　　　3番の動詞helfen, 4番のdankenに伴う目的語は例外的につねに与格です。

3 カッコ内の代名詞を適切な形にして空欄に入れなさい。

1　Wir kochen heute für .... ［du］
　　私たちは今日、君のために食事を作るよ。
2　Kommst du mit .... nach Berlin? ［wir］
　　君はぼくたちと一緒にベルリンへ来るかい？
3　Hier ist ein Geschenk von .... ［ich］
　　これが私からのプレゼントです。
4　Bringen Sie das Essen zu .... ? ［er］
　　食事を彼のところへ運んでくれますか？

　　　前置詞と後に続く名詞・代名詞の格の対応関係に注意しましょう。

第14課 その駐車場は遠くありません

否定詞nicht

否定文を作るために**否定詞**nichtを使うことがあります。
- 否定詞nicht「〜ない」は文頭に来ることはありません。
- 否定詞nichtは否定したい語の直前か文末に置かれます。
- 否定詞nichtの代わりにnie「決して〜ない」/ noch nicht「まだ〜ない」/ nicht mehr「これ以上〜ない」などの表現を使って様々な否定のニュアンスを表現できます。

Der Parkplatz ist nicht weit.	その駐車場は遠くありません。
Klaus kauft nie Bier.	クラウスは決してビールは買わない。
Wir arbeiten hier nicht mehr.	私たちはもうここでは働いていません。

> 否定の基本はnicht

Herr と Frau

敬称で話しかける相手の姓の前にはHerr「男性」またはFrau「女性」を置きます。子供に対しては一律に敬称を使いません。

Herr Müller	ミュラーさん（成人かつ敬称で話しかける相手）
Frau Berger	ベルガーさん（同上）
Frank	フランク（子供または親称で話しかける相手）
Annika	アニカ（同上）

代名詞das

代名詞dasは頻繁に使われます。これは中性名詞単数の定冠詞dasと同じ形ですが、働きは全く異なります。
- 代名詞dasは主格・対格で使われます。主格と対格は同じ形です。
- 代名詞dasは人・物・できごとなどあらゆる内容を表します。
- 単数・複数両方の内容を指すことができます。

Das ist Frau Berger.	こちらがベルガーさんです。
Das sind Volker und Barbara.	こちらがフォルカーとバーバラです。
Spielen Sie Fußball? Das ist gut!	サッカーをするんですか？ それはいい！

練習の前に！ 次の副詞の意味を調べてみよう。

gern　　nur　　sehr　　zu

1 次の文に否定詞nichtを加えて否定文を作りなさい。

1　Der Computer ist billig.　　そのコンピュータは値段が安いです。
2　〔Die Tasche ist zu teuer.〕Ich kaufe sie.
　〔この鞄は値段が高すぎます。〕私はそれを買います。
3　Herr Beyer singt so gut.　　バイヤーさんはとても歌が上手です。
4　Ich trinke gern Bier.　　私はビールが好きです。
5　Frau Gärtner kommt aus Österreich.　　ゲルトナーさんはオーストリア出身です。
6　Er hilft mir.　　彼は私を手伝います。
7　Wissen Sie es?　　あなたはそれを知っていますか？

　　nichtは基本的に文末に置きますが、形容詞が動詞**sein**と結びつく文ではその形容詞の前に置くのが普通です。また副詞を伴う文では多くの場合、副詞の前に置かれます。

2 カッコ内の単語を並べ替えて空欄に入れ、文を作りなさい。動詞は現在形にすること。

1　Der ＿＿＿＿＿＿＿＿＿＿＿＿＿＿＿＿＿＿＿＿．
　〔arbeiten / uns / nicht / Mann dort / für〕
　その男の人は私たちのために働いているのではありません。
2　＿＿＿＿＿＿＿＿＿＿＿＿＿＿ E-Mails.〔schreiben / nie / Paula / uns〕
　パウラは私たちには決して電子メールを書かない。
3　Herr ＿＿＿＿＿＿＿＿＿＿＿＿＿＿＿＿＿＿＿．
　〔kennen / noch nicht / Huber / mich〕
　フーバーさんは私のことはまだ知らない。
4　Das ＿＿＿＿＿＿＿＿＿＿＿＿＿＿＿＿＿＿＿．
　〔haben / nicht mehr / Handy / ich〕
　その携帯電話は私はもう持っていません。
5　Das ＿＿＿＿＿＿＿＿．〔einfach / sehr / sein〕　それはとても簡単です。
6　＿＿＿＿＿＿＿＿？〔sein / das / was〕　それは何ですか？
7　Das ＿＿＿＿＿＿＿＿＿＿＿＿＿．〔kosten / nur / 8 Euro〕
　それは8ユーロしかかかりません。
8　Das ＿＿＿＿＿＿＿＿．〔lustig / ich / finden〕　それは面白いと思います。

　　5番のsehr, 7番のnurは副詞なので注意しましょう。

第15課 切符を買ってください

命令文

命令文は相手への依頼を表し、文末が強調符「!」で終わります。副詞bitte「どうか」を一緒に使うと丁寧な依頼の表現ができます。

【敬称の命令文】
- 動詞は主語の前に置かれます。
- 動詞の形は現在形と同じですが、seinの時のみseienという形を使います。

平叙文	命令文
Sie kommen zu mir.	Kommen Sie (bitte) zu mir! (どうか) 私の所へ来てください!
Sie sind pünktlich.	Seien Sie (bitte) pünktlich! (どうか) 時間を守ってください!

> 🛟 **敬称の命令文は主語も入れる**

【duに対する命令文】
- 主語は省略します。
- 動詞は通常、語幹と同じ形です。

　2人称単数・親称の場合に語幹のeがiに変わる動詞は命令形もeがiになります。また、語幹がd / t / nで終わる動詞は語幹の後にeを加えます。werde（werden「なる」）、nimm（nehmen「取る」）のように、特別な形になる場合もあります。

平叙文	命令文	
Du kommst zu mir.	Komm (bitte) zu mir!	(どうか) 私の所へ来て!
Du liest das Buch.	Lies (bitte) das Buch!	(どうか) その本を読んで!
Du bist leise.	Sei (bitte) leise!	(どうか) 静かにして!

【ihrに対する命令文】
- 主語は省略します。
- 現在形と同じ形を使います。

平叙文	命令文	
Ihr kommt zu mir.	Kommt (bitte) zu mir!	(どうか) 私の所へ来て!
Ihr seid leise.	Seid (bitte) leise!	(どうか) 静かにして!

練習の前に！ 次の動詞の意味を調べ、語幹を作ってみよう。
essen　　kaufen　　sein　　zahlen

1 次の文を敬称の命令文に書き換えなさい。副詞 bitte も添えること。

1　Sie machen den Einkauf für mich.　　あなたは私のために買い物をします。
　　＿＿＿＿＿＿＿＿＿＿＿＿＿＿＿＿＿＿＿＿＿＿＿＿＿＿＿＿＿＿＿＿＿＿＿＿＿＿！
2　Sie kaufen die Fahrkarte.　　あなたは切符を買います。
　　＿＿＿＿＿＿＿＿＿＿＿＿＿＿＿＿＿＿＿＿＿＿＿＿＿＿＿＿＿＿＿＿＿＿＿＿＿＿！
3　Sie essen den Kuchen.　　あなたはケーキを食べます。
　　＿＿＿＿＿＿＿＿＿＿＿＿＿＿＿＿＿＿＿＿＿＿＿＿＿＿＿＿＿＿＿＿＿＿＿＿＿＿！
4　Sie zahlen die Rechnung.　　あなたは勘定書の金額を払います。
　　＿＿＿＿＿＿＿＿＿＿＿＿＿＿＿＿＿＿＿＿＿＿＿＿＿＿＿＿＿＿＿＿＿＿＿＿＿＿！
5　Sie nehmen die Butter.　　あなたはバターを取ります。
　　＿＿＿＿＿＿＿＿＿＿＿＿＿＿＿＿＿＿＿＿＿＿＿＿＿＿＿＿＿＿＿＿＿＿＿＿＿＿！

　　命令文を使うときはできるだけ bitte を添えるようにしましょう。

2 上の1で作った敬称の命令文を du に対する命令文に書き換えなさい。副詞 bitte も添えること。

1　＿＿＿＿＿＿＿＿＿＿＿＿＿＿＿＿＿＿＿＿＿＿＿＿＿＿＿＿＿＿＿＿＿＿＿＿＿＿＿！
2　＿＿＿＿＿＿＿＿＿＿＿＿＿＿＿＿＿＿＿＿＿＿＿＿＿＿＿＿＿＿＿＿＿＿＿＿＿＿＿！
3　＿＿＿＿＿＿＿＿＿＿＿＿＿＿＿＿＿＿＿＿＿＿＿＿＿＿＿＿＿＿＿＿＿＿＿＿＿＿＿！
4　＿＿＿＿＿＿＿＿＿＿＿＿＿＿＿＿＿＿＿＿＿＿＿＿＿＿＿＿＿＿＿＿＿＿＿＿＿＿＿！
5　＿＿＿＿＿＿＿＿＿＿＿＿＿＿＿＿＿＿＿＿＿＿＿＿＿＿＿＿＿＿＿＿＿＿＿＿＿＿＿！

　　du に対する命令文は主語は不要です。

3 上の1で作った敬称の命令文を ihr に対する命令文に書き換えなさい。副詞 bitte も添えること。

1　＿＿＿＿＿＿＿＿＿＿＿＿＿＿＿＿＿＿＿＿＿＿＿＿＿＿＿＿＿＿＿＿＿＿＿＿＿＿＿！
2　＿＿＿＿＿＿＿＿＿＿＿＿＿＿＿＿＿＿＿＿＿＿＿＿＿＿＿＿＿＿＿＿＿＿＿＿＿＿＿！
3　＿＿＿＿＿＿＿＿＿＿＿＿＿＿＿＿＿＿＿＿＿＿＿＿＿＿＿＿＿＿＿＿＿＿＿＿＿＿＿！
4　＿＿＿＿＿＿＿＿＿＿＿＿＿＿＿＿＿＿＿＿＿＿＿＿＿＿＿＿＿＿＿＿＿＿＿＿＿＿＿！
5　＿＿＿＿＿＿＿＿＿＿＿＿＿＿＿＿＿＿＿＿＿＿＿＿＿＿＿＿＿＿＿＿＿＿＿＿＿＿＿！

　　du に対する命令文とは動詞の形が違います。

20 から 99 までの基数詞

10の位の基数詞

10の位の基数詞は原則として10の位の数にあたる基数詞の後にzigを加えて表します。例外的な形もあります。

数字	基数詞	数字	基数詞	数字	基数詞
20	zwanzig	30	dreißig	40	vierzig
50	fünfzig	60	sechzig	70	siebzig
80	achtzig	90	neunzig		

1の位が0でない2桁の基数詞

1の位が0でない2桁の基数詞は、1の位の基数詞・und・10の位の基数詞をこの順で連ねます。文字で書く場合、それぞれの要素の間には空白を置きません。また、1の位が1の場合はeinsではなくeinを使います。

数字	基数詞	数字	基数詞
21	einundzwanzig	22	zweiundzwanzig
23	dreiundzwanzig	24	vierundzwanzig
25	fünfundzwanzig	26	sechsundzwanzig
27	siebenundzwanzig	28	achtundzwanzig
29	neunundzwanzig	99	neunundneunzig

数式の読み方の例

「×」はmal,「：」（ドイツ人は割り算の記号として÷よりもこの記号を好みます）はdurchと読みます。

掛け算

$3 \times 7 = 21$　　Drei mal sieben ist einundzwanzig.
$4 \times 6 = 24$　　Vier mal sechs ist vierundzwanzig.

割り算

$27 : 9 = 3$　　Siebenundzwanzig durch neun ist drei.
$36 : 6 = 6$　　Sechsunddreißig durch sechs ist sechs.

1 次の数式の読み方を書いてみましょう。

1. $5 \times 5 = 25$
2. $7 \times 5 = 35$
3. $8 \times 7 = 56$
4. $48 : 12 = 4$
5. $63 : 7 = 9$
6. $77 : 7 = 11$

2 次の読み方をする数式を書いてみましょう。

1. Sechs mal fünf ist dreißig.
2. Acht mal vier ist zweiunddreißig.
3. Neun mal neun ist einundachtzig.
4. Fünfzig durch fünfundzwanzig ist zwei.
5. Siebzig durch zehn ist sieben.
6. Neunundneunzig durch elf ist neun.

春にはアスパラガスが売られます

解答

1
1. Fünf mal fünf ist fünfundzwanzig.
2. Sieben mal fünf ist fünfunddreißig.
3. Acht mal sieben ist sechsundfünfzig.
4. Achtundvierzig durch zwölf ist vier.
5. Dreiundsechzig durch sieben ist neun.
6. Siebenundsiebzig durch sieben ist elf.

2
1. $6 \times 5 = 30$ 2. $8 \times 4 = 32$ 3. $9 \times 9 = 81$ 4. $50 : 25 = 2$
5. $70 : 10 = 7$ 6. $99 : 11 = 9$

会話に使える単語を覚えよう！(1) 〜職業・学習〜

1　職業

der Arzt	医師	die Ärztin	医師（女性）
der Fahrer	運転手	die Fahrerin	運転手（女性）
der Lehrer	教師	die Lehrerin	教師（女性）
der Mitarbeiter	スタッフ	die Mitarbeiterin	スタッフ（女性）
		die Sekretärin	秘書（女性）
der Verkäufer	販売員	die Verkäuferin	販売員（女性）
der Schüler	生徒	die Schülerin	生徒（女性）
der Student	大学生	die Studentin	大学生（女性）

2　職場で用いる語彙

die Bank	銀行	die Sparkasse	公営銀行
die Firma	会社	der Beruf	職業
arbeiten	働く	die Arbeit	仕事
der Chef	上司	die Chefin	上司（女性）
der Kunde	顧客	das Büro	オフィス
das Formular	書式	der Brief	手紙
die Post	郵便	die E-Mail	電子メール
die Briefmarken	切手	die E-Mail-Adresse	メールアドレス
die Postleitzahl	郵便番号	anrufen	電話をかける
der Anruf	電話	ankreuzen	チェックマークをつける
die Telefonnummer	電話番号	die Messe	見本市
unterschreiben	サインする	der Urlaub	有給休暇
die Unterschrift	サイン	die Pause	休憩
der Termin	アポイントメント		

3　学びの場で用いる語彙

das Buch	本	der Buchladen	書店
der Bleistift	鉛筆	der Kugelschreiber	ボールペン
der Computer	コンピュータ	die Schule	学校
die Universität	大学	die Bibliothek	図書館
das Studium	大学での勉強	der Unterricht	授業

die Ferien	休み	die Prüfung	試験
der Test	テスト	schreiben	書く
studieren	大学で勉強する	unterrichten	授業をする

4 国名

Deutschland	ドイツ	Österreich	オーストリア
die Schweiz	スイス	Luxemburg	ルクセンブルク
Liechtenstein	リヒテンシュタイン		
England	イギリス	Amerika	アメリカ
Japan	日本	China	中国
Korea	韓国	Portugal	ポルトガル
Frankreich	フランス	Italien	イタリア
die Niederlande	オランダ	Belgien	ベルギー
Spanien	スペイン	Ungarn	ハンガリー
Tschechien	チェコ	die Slowakei	スロヴァキア
Polen	ポーランド	Russland	ロシア
die Türkei	トルコ	Indien	インド
Thailand	タイ	Vietnam	ベトナム
Brasilien	ブラジル	die USA	アメリカ合衆国
Australien	オーストラリア	Neuseeland	ニュージーランド
das Ausland	外国	Europäische Union (EU)	欧州連合

5 言語

Deutsch	ドイツ語	Englisch	英語
Französisch	フランス語	Italienisch	イタリア語
Portugiesisch	ポルトガル語	Spanisch	スペイン語
Niederländisch	オランダ語	Slowakisch	スロヴァキア語
Tschechisch	チェコ語	Polnisch	ポーランド語
Ungarisch	ハンガリー語	Thai	タイ語
Russisch	ロシア語	Türkisch	トルコ語
Vietnamesisch	ベトナム語	Chinesisch	中国語
Japanisch	日本語	Koreanisch	韓国語

第16課 あなたは疲れていませんか?

否定疑問文

否定詞nichtを含んだ文で疑問文を作ると**否定疑問文**になります。
- 否定疑問文に肯定で答えるときは、JaではなくDochで文を始めます。
- 否定疑問文に否定で答えるときは、Neinで文を始めます。

質問: Sind Sie nicht müde? あなたは疲れていませんか?
肯定の答え: Doch, ich bin müde. いいえ、疲れています。
否定の答え: Nein, ich bin nicht müde. はい、疲れていません。

分離動詞

語頭部分が分離して使われることがある動詞は**分離動詞**と呼ばれます。以下に注意しましょう。
- 分離する語頭部分は**分離前綴り**と呼ばれます。
- 通常、分離前綴りには動詞のアクセントが置かれます。
- 通常、分離前綴りは文末に置かれます。
- 文字で書く場合、分離動詞の不定詞は全体を一語として書きます。

【abholen「迎える」の場合】
平叙文: Herr Leitner holt mich gleich ab. ライトナーさんはすぐに私を迎えに来る。
疑問文: Holt Herr Leitner mich gleich ab?
　　　　ライトナーさんはすぐに私を迎えに来ますか?
命令文: Holen Sie mich bitte gleich ab! すぐに私を迎えに来てください!

> 語頭が分離して使われる動詞がある

es gibt ＋対格の文型

何かが「ある」ことを表す時にこの文型を使います。存在するものは対格の形になるので注意しましょう。

Es gibt ein Konzert. コンサートがあります。
Es gibt drei Kaufhäuser hier. ここには3軒のデパートがあります。

練習の前に！ 次の動詞の分離前綴りがどの部分か調べてみよう。

anfangen   aussteigen   einladen   mitkommen

1 Ja / Nein / Doch のうちいずれか適切なものを空欄に入れなさい。

1. Studieren Sie in Japan?　あなたは日本で大学に通っているのですか？
   ...., ich studiere in Deutschland.
   いいえ、私はドイツで大学に通っています。

2. Wohnst du nicht hier?　君はここに住んでいるのではないの？
   ...., ich wohne hier.　いや、ここに住んでいるよ。

3. Telefoniert er mit dem Chef?　彼は店長（上司）と電話しているんですか？
   ...., er telefoniert mit dem Chef.　はい、彼は店長と電話しています。

4. Ist der Flughafen groß?　その空港は大きいですか？
   ...., er ist nicht so groß.　いいえ、それほど大きくありません。

   Ja / Nein / Doch の選択は日本語からの直訳ではできません。きちんと文脈を理解しましょう。

2 カッコ内の単語を並べ替えて空欄に入れ、文を作りなさい。動詞は現在形にすること。

1. Frau Klein .... [zumachen / jetzt / die Tür]
   クラインさんは今、窓を閉める。

2. Wir .... [anrufen / die Rezeption]
   私たちはフロントに電話します。

3. Heute .... [einladen / Frau Petersen / wir]
   今日私たちはペーターゼンさんをご招待します。

4. .... ? [umziehen / nach Berlin / ihr]
   君たちはベルリンへ引っ越すのかい？

5. Der Zug .... [ankommen / bald / in Stuttgart]
   その列車はもうすぐシュトゥットガルトに到着する。

6. .... ! [ankreuzen / Sie / bitte / hier]
   どうかここに×印をつけてください！（敬称の命令文にすること）

7. .... ? [abfahren / wann / der Zug]
   その列車はいつ発車するのですか？

8. Es .... [ein Berg / dort / geben]
   あそこに山がある。

   8番の Berg「山」は男性名詞です。

第17課 大学生たちはパーティーに行きます

与格の定冠詞

与格の名詞に定冠詞が伴う場合、以下に注意しましょう。
- 単数与格の男性名詞と中性名詞に伴う定冠詞は dem です。
- 単数与格の女性名詞に伴う定冠詞は der です。
- 複数与格の名詞に伴う定冠詞は性に関わらず den です。
- 複数与格の名詞の後には通常、n を加えます

	男性単数	女性単数	中性単数	複数
主格	der Vater 父	die Mutter 母	das Mädchen 少女	die Männer 男たち
与格	dem Vater	der Mutter	dem Mädchen	den Männern

与格の不定冠詞

与格の名詞に不定冠詞が伴う場合、以下に注意しましょう。
- 単数与格の男性名詞と中性名詞に伴う不定冠詞は einem です。
- 単数与格の女性名詞に伴う不定冠詞は einer です。
- 複数与格の名詞に伴う不定冠詞はありません。ただし、名詞の後には通常、n を加えます。

	男性単数	女性単数	中性単数	複数
主格	ein Vater	eine Mutter	ein Mädchen	Männer
与格	einem Vater	einer Mutter	einem Mädchen	Männern

> 与格の定冠詞／不定冠詞は**男性**と**中性**が同じ形です

冠詞変化のまとめ

冠詞の変化は以下のようにまとめられます。

	定冠詞				不定冠詞			
	単数			複数	単数			複数
	男性	女性	中性		男性	女性	中性	
主格	der	die	das	die	ein	eine	ein	—
与格	dem	der	dem	den	einem	einer	einem	—
対格	den	die	das	die	einen	eine	ein	—

練習の前に！ 次の名詞の意味と性を調べてみよう。
Arbeit　　Dusche　　Schlüssel　　Zimmer

1 与格の定冠詞を空欄に入れなさい。

1　Ich habe ein Problem mit .... Schlüssel.　私は鍵のことで困っています。
2　Brigitte kommt gerade von .... Arbeit.
　　ブリギッテはちょうど仕事から帰って来た。
3　Der Herr spielt mit .... Kindern.　その男性は子供たちと遊んでいる。
4　Wie kommen wir zu .... Läden?
　　それらの店（複数）には私たちはどうやって行けるのですか？
5　Wir schenken .... Schülerin ein Buch.
　　私たちはその生徒（女性）に一冊の本をプレゼントします。

　　3番のKindern「子供たち」、4番のLäden「店（複数）」は複数形になっています。

2 与格の不定冠詞を空欄に入れなさい。必要ない場合は空白にすること。

1　Der Chef schreibt .... Mitarbeiter eine E-Mail.
　　課長（上司）はスタッフの一人に電子メールを書く。
2　Herr Kleiber hat ein Zimmer mit .... Dusche.
　　クライバーさんはシャワー付きの部屋を所有している。
3　Die Studenten gehen zu .... Party.　大学生たちはパーティーに行きます。
4　Das ist ein Geschenk von .... Schülern.
　　これは生徒たちからのプレゼントです。

　　1番のMitarbeiter「スタッフ」は女性の人物を指す場合、Mitarbeiterinになります。4番のSchüler「生徒たち」は複数になっています。

3 カッコ内の単語を並べ替えて空欄に入れ、文を作りなさい。動詞は現在形に、冠詞は適切な形にすること。

1　Sie ....
　　[mit / fünf / ein Zimmer / eine Wohnung / kaufen]
　　あの人たちは5部屋ある住居を購入します。
2　Ich ....
　　[Frau Wagner / mit / heute / ein Termin / haben]
　　私は今日ヴァーグナーさんとアポイントメントがあります。
3　Das .... [der Brief / die Sparkasse / von / sein]
　　これは公営銀行からの手紙です。

第18課 私はフランクフルトのある銀行で働いています

前置詞 durch / gegen / aus / bei / nach / seit

以下の前置詞の後には対格か与格のどちらかの要素が置かれます。

【対格を伴う前置詞】　gegen　～に逆らって　　durch　～を通って/通して
【与格を伴う前置詞】　aus　　～から　　　　　bei　　～のそばに/際に
　　　　　　　　　　　nach　～の後で　　　　 seit　　～以来

前置詞と定冠詞の縮約

前置詞の後に定冠詞を伴う名詞が置かれる場合、前置詞と定冠詞が縮約形を作ることがあります。これまで扱った前置詞からは次のような縮約形が作られます。

【縮約形】　bei + dem → beim　　von + dem → vom
　　　　　　zu + dem → zum　　　zu + der → zur

> 前置詞と定冠詞が結びついて1語になることもある

aus と von の区別

aus と von は移動の起点を表すために使うことができます。両方を使える場合もありますが、以下のような区別があります。

【aus を使う場合】　移動の起点がある空間内にあり、移動によってそこから出る場合
【von を使う場合】　単に移動の起点を表す場合

Herr Steinmeier kommt aus Landshut.
シュタインマイヤーさんはランツフート出身です。

Die Kinder gehen nicht aus dem Haus.
子供たちは家から出ない。

Die E-Mail kommt von der Chefin.
その電子メールは課長（女性の上司）から来ています。

練習の前に！ 次の名詞の意味と性を調べてみよう。
Bank　　Büro　　Bus　　Tasche

1 カッコ内の代名詞・名詞を適切な形にして空欄に入れなさい。

1　Das Medikament hilft gegen .... ．〔das Fieber〕この薬は熱に効きます。
2　Helft ihr mir bei .... ？〔die Arbeit〕
　　君たちは僕の仕事を手伝ってくれるかい？
3　Die U-Bahn fährt durch .... ．〔die Stadt〕地下鉄は街を通って走る。
4　Sie reisen mit .... nach Paris．〔ein Bus〕
　　あの人たちはバスでパリへ旅行に行く。
5　Leo kommt gerade aus .... ．〔das Büro〕
　　レオはちょうどオフィスから出てきたところだ。
6　Ich arbeite bei .... in Frankfurt．〔eine Bank〕
　　私はフランクフルトのある銀行で働いています。
7　Wir lernen für .... ．〔die Prüfungen〕
　　私たちは試験に備えて勉強しています。
8　Sie lernen bei .... Deutsch．〔ich〕
　　あの人たちは私のところでドイツ語を勉強しています。
9　Ich wohne schon seit .... in Nürnberg．〔zehn Jahre〕
　　私は10年前からニュルンベルクに住んでいます。

7番のPrüfungen「試験」、9番のJahre「年」は複数形です。

2 カッコ内の前置詞と名詞を適切な形にして空欄に入れなさい。

1　Leo kommt gerade .... ．〔von / die Arbeit〕
　　レオはちょうど仕事から帰ってきたところだ。
2　Wir steigen .... aus．〔aus / die Straßenbahn〕
　　私たちは路面電車から降りる。
3　Ich komme .... ．〔von / das Einkaufen〕
　　私は買い物から帰ったところです。
4　Herr Helm, kommen Sie bitte .... ！〔zu / der Schalter 7〕
　　ヘルム様、7番窓口へお越しください！
5　................ gehen wir zum Rathaus．〔nach / das Frühstück〕
　　朝食の後、私たちは市役所へ行きます。

縮約形ができる場合とできない場合があるので注意しましょう。

第19課 僕はその店の前で君を待つよ

結びつく格が変化する前置詞

以下の前置詞の後に対格の要素が置かれると移動の方向を、与格の要素が置かれると位置を表します。この他、時間表現など位置関係とは異なる内容を表すこともあります。

an	〜で/へ	auf	〜の上で/へ	hinter	〜の後ろで/へ
in	〜の中で/へ	neben	〜の横で/へ	über	〜の上方で/へ
unter	〜の下で/へ	vor	〜の前で/へ	zwischen	〜の間で/へ

🛟 移動の方向は対格、位置は与格

Wir gehen in die Stadt.　　私たちは街へ行く。
Wir wohnen in der Stadt.　私たちは街に住んでいる。

前置詞と定冠詞の縮約

これらの前置詞から作った縮約形としては以下の形がよく使われます。

【縮約形】　an + das → ans　　　an + dem → am
　　　　　　in + das → ins　　　in + dem → im

nach / zu / in の区別

nach, zu, in は移動の方向を表すために使うことができます。以下のような区別があります。

● nach は冠詞を伴わない地名と、in は定冠詞を伴う地名と共に使います。
● in は長時間留まって何かをする行き先を、zu は長時間留まらない行き先を表します。

Herr Krause fährt heute nach Berlin.　　クラウゼさんは今日ベルリンへ行きます。
Herr Krause fährt heute in die Schweiz.　クラウゼさんは今日スイスへ行きます。
Frau Heindle geht jetzt ins Café und trinkt Kaffee.
ハインドレさんは今から喫茶店へ行ってコーヒーを飲みます。
Frau Heindle geht jetzt zur Bank und wechselt Geld.
ハインドレさんは今から銀行へ行ってお金を両替します。
Claudia geht gleich nach Hause.　　クラウディアはすぐに家に帰ります。
Sabine liest zu Hause Bücher.　　ザビーネは家で本を読みます。

＊ nach Hause, zu Hause はよく使われる例外的表現です。

練習の前に！ 次の名詞の意味と性を調べてみよう。
Flughafen　　Kasse　　Kino　　Tisch

1 カッコ内の代名詞・名詞を適切な形にして空欄に入れなさい。

1　Sara stellt den Teller auf .... ［der Tisch］
　ザラはその皿をテーブルの上に置きます。
2　Neben .... sitzt eine Dame.［ich］ 私の横には女性が一人座っている。
3　Wir gehen nachmittags zum Einkaufen in .... ［der Supermarkt］
　私たちは午後スーパーマーケットに買い物に行きます。
4　Die Karte liegt vor .... auf dem Tisch.［er］
　そのカードは机の上の彼の前にあります。
5　Zahlen Sie bitte an .... !［die Kasse］ レジでお支払いください。

代名詞と定冠詞の格変化を思い出してから解いてみましょう。

2 カッコ内の前置詞と代名詞・名詞を適切な形にして空欄に入れなさい。

1　Ich warte .... auf dich.［vor / das Geschäft］
　僕はその店の前で君を待つよ。
2　................ fahren wir immer ans Meer.［in / der Sommer］
　夏には私たちはいつも海に行く。
3　................ gibt es nie Streit.［zwischen / wir］
　私たちの間では争いは決して起こらない。
4　Lisa ruft mich .... an.［auf / das Handy］
　リザは私の携帯電話に電話をかけてくる。
5　Max schreibt seinen Namen .... ［auf / ein Zettel］
　マックスは名前をメモ用紙に書く。

5番のZettel「メモ用紙」は男性名詞です。

3 空欄に in / nach / zu のうちいずれか適切なものを入れなさい。可能な場合は定冠詞を補い、必要な場合は縮約形にしなさい。

1　Ich gehe oft .... Kino.　　　　私はよく映画館に行く。
2　Bruno reist im Urlaub .... Wien.　ブルーノは休暇でウィーンに旅行する。
3　Wir bringen dich .... Flughafen.　僕らは君を空港まで連れて行くよ。
4　Fährst du mit der Bahn .... Schweiz? 君は列車でスイスに行くのかい？
5　Wann kommt ihr .... Hause?　　君たちはいつ家に帰り着くのかい？

前置詞と定冠詞が結びついて縮約形を作ることがあることを忘れずに。

第20課 あなたは誰に電子メールを書くのですか？

疑問詞 wer

人について尋ねる補足疑問文では wer「誰が」を疑問詞として使います。格により形が変わります。

主格	対格	与格
wer	wen	wem

🛟 **wer は格によって形が変わります**

前置詞句が表す内容を尋ねる疑問詞

前置詞句が表す内容を尋ねる補足疑問文では内容により異なる疑問詞を使います。

【位置関係を尋ねる時】
　位置を尋ねる（an, auf, in, bei などが使われる場合）：wo「どこで」
　移動の起点を尋ねる（aus, von などが使われる場合）：woher「どこから」
　移動の方向を尋ねる（an, nach, zu などが使われる場合）：wohin「どこへ」

【時間を尋ねる時】
　何かが起こる時間を尋ねる（an, in などが使われる場合）：wann「いつ」
　何かが持続し始めた時間を尋ねる（seit が使われる場合）：seit wann「いつから」
　何かが終わる時間を尋ねる（bis が使われる場合）：bis wann「いつまで」

【ありさまを尋ねる時】
　ありさまを尋ねる（mit, ohne などが使われる場合）：wie「どのように」

wo (r) ＋前置詞

上記の疑問詞が使いにくい場合は、内容により2種類の疑問表現を使い分けます。

【人について尋ねる時】
　前置詞の後に疑問詞 wer の変化形を置く：
　für wen　誰のために　　mit wem　誰と　　zu wem　誰のところへ　　など

【物やできごとについて尋ねる時】
　前置詞の前に wo (r) を加える：
　wofür　何のために　　womit　何を使って　　wozu　何のために
　worüber　何について　　など

練習の前に！ 次の名詞の意味と性を調べてみよう。
Buchladen　　Kühlschrank　　Kugelschreiber　　Park

1 疑問詞 wer を適切な形にして空欄に入れなさい。

1 .... spielt Klavier?　誰がピアノを弾いているのですか？
2 .... schenken Sie den Kühlschrank?
あなたは誰に冷蔵庫をプレゼントするのですか？
3 Mit .... gehst du in den Park?　君は誰と公園に行くの？
4 .... trifft er morgen?　彼は明日、誰と会うのですか？

4番の動詞 treffen「会う」は目的語が対格になるので注意しましょう。

2 二重線部を尋ねる疑問文を作るために必要な疑問詞を空欄に入れなさい。

1 .... kommt Herr Domberger?　ドームベルガーさんはどこの出身ですか？
Er kommt aus Zürich.　　　　　彼はチューリヒ出身です。
2 .... kommt der Zug nach Linz?　リンツ行きの列車はいつ来るのですか？
Er kommt bald.　　　　　　　　それは間もなく来ます。
3 .... fliegt Michael?　ミヒャエルはどこへ飛行機で行くのですか？
Er fliegt nach Amerika.　　　　彼はアメリカへ行きます。
4 .... ist das Restaurant?　レストランはどこですか？
Es ist vor dem Rathaus.　　　　それは市役所の前です。

4番の Rathaus「市役所」は中性名詞です。

3 二重線部を尋ねる疑問文を作るために必要な疑問詞を空欄に入れなさい。前置詞を含む疑問詞か、疑問詞を伴う前置詞句にすること。

1 .... kaufst du die Zeitschrift?　君は誰のためにその雑誌を買うの？
Ich kaufe sie für Matthias.　　　僕はそれをマティアスのために買うんだ。
2 .... geht Bruno zum Buchladen?　ブルーノは誰と書店に行くの？
Er geht mit Michaela dorthin.　　彼はミヒャエラとそこへ行きます。
3 .... schreibt Sabine gern Briefe?
ザビーネは手紙を書くとき何を使うのが好きですか？
Sie schreibt gern mit einem Kugelschreiber.
彼女はボールペンで手紙を書くのが好きです。
4 .... sprecht ihr?　君たちは何について話しているの？
Wir sprechen über einen Film.　僕らはある映画について話しているんだ。

人か、物かに気をつけましょう。

第21課 その時計はおいくらですか？

wie を使った程度の尋ね方

　形容詞や副詞の前に疑問詞wie「どのように」を置くと、その副詞や形容詞が表す内容の程度を尋ねる表現になります。
- この場合、形容詞・副詞の形は変化しません。
- wieと形容詞・副詞は文頭、定動詞は2番目、主語は3番目の位置に置かれます。主語の後にはその他の要素が置かれます。文末は疑問符「？」で終わります。

　　Wie alt sind Sie?　　　　　　あなたは何歳ですか？
　　Wie lange lernen Sie Deutsch?　どれくらいドイツ語を勉強してきましたか？

möchte の人称変化

　möchte「欲しい」は要望を婉曲に表現する動詞の形で、日常会話では頻繁に使います。不規則な人称変化をします。

	単数	複数
1人称	möchte	möchten
2人称・親称	möchtest	möchtet
2人称・敬称	möchten	möchten
3人称	möchte	möchten

> **möchteは頻繁に使いますが、人称変化は不規則です**

　　Wir möchten eine Tasse Kaffee.　私たちはコーヒーを一杯いただきたいのですが。

非分離動詞

　分離して使われない要素が語頭に加わってできた動詞は**非分離動詞**と呼ばれます。
- 添えられる語頭部分は**非分離前綴り**と呼ばれます。
- 通常、非分離前綴りには動詞のアクセントは置かれません。

【besuchenの場合】

平叙文：Frau Grünberg besucht eine Ausstellung.
　　　　グリューンベルクさんはある展覧会を訪れます。
疑問文：Besucht Frau Grünberg eine Ausstellung?
　　　　グリューンベルクさんはある展覧会を訪れますか？
命令文：Besuchen Sie bitte die Ausstellung!　その展覧会に行ってください！

練習の前に！ 次の動詞の非分離前綴りがどの部分か調べてみよう。

bedeuten   übernachten   unterschreiben   verstehen

1 カッコ内の単語を並べ替えて空欄に入れ、文を作りなさい。その際、動詞は適切な形に変化させること。

1 _____ ?　その時計はおいくらですか？
  [die Uhr / teuer / sein / wie]

2 _____ ?　週末はどれくらい長く寝ますか？
  [du / lang / schlafen / am Wochenende / wie]

3 _____ ?　それはおいくらですか？
  [das / viel / kosten / wie]

4 _____ ?
  [die Straße / weit / sein / von hier / wie]
  その通りはここからどれくらい遠いですか？

> 程度を尋ねる疑問文では形容詞や副詞の前に wie を置くことに注意しましょう。

2 möchte を主語に合った形に変えて空欄に入れなさい。

1 Was _____ Sie? Bier oder Wein?
  何をご所望ですか？　ビールですか？　ワインですか？

2 Ich _____ eine Flasche Bier.　私はビール一瓶いただきたいです。

3 Katrin _____ ein Glas Wasser.　カトリンは水を一杯欲しがっています。

> möchte は1人称単数と3人称単数の形が同じになるのが特徴です。

3 カッコ内の単語を並べ替えて空欄に入れ、文を作りなさい。動詞は指示に従って適切な形にすること。

1 _____ ?　この単語はどんな意味ですか？
  [das Wort / bedeuten / was]

2 Das _____.　それは私たちは理解できません。
  [wir / nicht / verstehen]

3 Ich _____.　私はそのズボンを持って行きます。
  [die Hose / mitnehmen]

4 _____ hier!　ここにサインをお願いします！
  [bitte / Sie / unterschreiben]

> この問題にはひとつだけ分離動詞が混じっています。

第22課 私たちは今はお腹が空いていません

否定冠詞

否定冠詞（kein）を伴う名詞を使って否定文を作ることができます。否定冠詞は名詞の性・数・格により形が変わることがあります。
- 単数形の名詞に伴う否定冠詞の変化は不定冠詞に準じます。
- 複数形の名詞に伴う否定冠詞は独自の変化をします。
- 複数与格の名詞の後には通常、nを加えます。

	男性単数	女性単数	中性単数	複数
主格	kein Eingang 入口	keine Farbe 色	kein Fenster 窓	keine Fenster
対格	keinen Eingang	keine Farbe	kein Fenster	keine Fenster
与格	keinem Eingang	keiner Farbe	keinem Fenster	keinen Fenstern

> 否定冠詞の変化は不定冠詞に準じる

否定詞nichtと否定冠詞の区別

名詞を含んだ否定文では通常、否定冠詞を使います。ただし、定冠詞を伴う名詞だけを特に否定したい場合は否定詞nichtを使います。

Ich nehme keine Jacke mit.　　　　私は上着は持って行きません。
Ich nehme die Jacke hier nicht mit.　私はこの上着は持って行きません。

対格と与格の語順

定動詞よりも後に対格の要素と与格の要素が並存する場合、その並び方はいくつかの原則に従って決まります。
- 対格要素・与格要素の両方が共に名詞の場合：与格→対格
- どちらか一方が人称代名詞の場合：人称代名詞→名詞
- 対格要素・与格要素の両方が人称代名詞の場合：対格→与格

Klaus schenkt der Studentin eine Rose.
　クラウスはその大学生（女性）に一本のバラをプレゼントします。
Klaus schenkt ihr eine Rose.　クラウスは彼女に一本のバラをプレゼントします。
Klaus schenkt sie ihr.　　　　クラウスは彼女にそれをプレゼントします。

練習の前に！ 次の名詞の意味と性を調べてみよう。

Absender　　Hunger　　Küche　　Schnee

1 適切な形の否定冠詞を空欄に入れなさい。

1 Auf dem Brief steht .... Absender.　その手紙には差出人が載っていない。
2 Wir haben jetzt .... Hunger.　私たちは今はお腹が空いていません。
3 Das Zimmer hat .... Küche.　その部屋にはキッチンがない。
4 Sucht er .... Hotel?　彼はホテルを探しているのではないのですか？
5 Ich finde das Wort in .... Wörterbuch.
　私はこの単語をどの辞書でも見つけられない。

　　否定冠詞に続く名詞の性と格に注意しましょう。

2 否定詞nichtか否定冠詞のどちらか適切な方を空欄に入れなさい。

1 Hast du .... Hunger?　君はお腹が空いていないの？
2 Der Kurs ist .... zu teuer.　この講座は値段が高すぎるわけではない。
3 Es gibt jetzt in Berlin .... Schnee.　今、ベルリンには雪はない。
4 Sie sieht .... krank aus.　彼女は病気なようには見えない。
5 Ich trinke .... viel Wein.　私はワインをたくさんは飲みません。

　　否定冠詞は冠詞なので名詞の前に置かれます。

3 カッコ内の単語を並べ替えて空欄に入れ、文を作りなさい。動詞は現在形に、冠詞は適切な形にすること。

1 Julian .... [ein Handy / kaufen]
　ユリアンは携帯電話を一台買います。
2 Damit .... [er / eine E-Mail / schreiben]
　これを使って彼は電子メールを一通書く。
3 Dann .... [er / sie / die Schülerin / schicken]
　その後で彼はそれ（女性名詞を受ける）をその生徒（女性）に送る。
4 Er .... [sie / eine Party / zu / einladen]
　彼は彼女をパーティーに招待する。
5 Aber sie .... [die E-Mail / nicht / lesen]
　しかし彼女はその電子メールを読まない。

　　対格と与格の語順は名詞か代名詞かによって変わります。

第23課 私の名前はオスカーです

da(r)＋前置詞

すでに話題になった前置詞を伴う名詞を再び話題にする場合、内容により2種類の表現を使い分けます。

【人を話題にする時】　前置詞の後に代名詞を置く：
für ihn　彼のために　　mit ihr　彼女と一緒に　　zu uns　私たちのところへ　　など

【物やできごとを話題にする時】　前置詞の前にda(r)を加える：
dafür　そのため　　damit　それを使って　　darüber　それについて　　など

所有冠詞 mein / dein / sein

所有冠詞を伴う名詞は通常、所有物を表します。まず、所有冠詞mein / dein / seinを取り上げます。

●所有冠詞mein / dein / seinの変化は否定冠詞に準じます。
●複数与格の名詞の後には通常、nを加えます。

【mein：ichの所有物】

	男性単数	女性単数	中性単数	複数
主格	mein Hut 帽子	meine Hilfe 手助け	mein Hobby 趣味	meine Hüte 帽子
対格	meinen Hut	meine Hilfe	mein Hobby	meine Hüte
与格	meinem Hut	meiner Hilfe	meinem Hobby	meinen Hüten

【dein：duの所有物】

	男性単数	女性単数	中性単数	複数
主格	dein Hut	deine Hilfe	dein Hobby	deine Hüte
対格	deinen Hut	deine Hilfe	dein Hobby	deine Hüte
与格	deinem Hut	deiner Hilfe	deinem Hobby	deinen Hüten

【sein：erの所有物】

	男性単数	女性単数	中性単数	複数
主格	sein Hut	seine Hilfe	sein Hobby	seine Hüte
対格	seinen Hut	seine Hilfe	sein Hobby	seine Hüte
与格	seinem Hut	seiner Hilfe	seinem Hobby	seinen Hüten

所有冠詞の変化は否定冠詞に準じる

練習の前に！ 次の名詞の意味と性を調べてみよう。

Ausweis　　Garten　　Telefonnummer　　Wohnung

1 適切な形の所有冠詞 mein を空欄に入れなさい。

1　.................... Name ist Oskar.　　私の名前はオスカーです。
2　.................... Hobby ist Reisen.　　私の趣味は旅行です。
3　.................... Telefonnummer ist 080-392875.
　　私の電話番号は 080-392875 です。
4　Ich besuche morgen .... Großmutter.　私は明日、祖母を訪ねます。
5　Ich arbeite gern in .... Garten.　私は自分の庭で働くのが好きです。

> **Mutter** は「母」ですが、**Großmutter** は「祖母」になります。同じように **Vater** は「父」ですが、**Großvater** は「祖父」になります。

2 適切な形の所有冠詞 dein を空欄に入れなさい。

1　Ist das .... Gepäck?　　これは君の荷物かい？
2　.................... Kinder gehen heute ins Konzert.
　　君の子供たちは今日、コンサートに行く。
3　Wo ist .... Geburtsort?　君の生まれた場所はどこだい？
4　Ich finde .... Hut schön.　君の帽子はきれいだと思うよ。
5　Ich brauche .... Hilfe.　君の助けが必要なんだ。

> 1番の **Gepäck**「荷物」、2番の **Konzert**「コンサート」は中性名詞ですが、**Geburtsort**「出生地」は男性名詞です。

3 適切な形の所有冠詞 sein を空欄に入れなさい。

1　.................... Handy ist neu.　　　　　　彼の携帯電話は新品です。
2　Er zeigt .... Ausweis.　　　　彼は自分の身分証明書を見せる。
3　Hat .... Wohnung einen Balkon?　彼の住居にはベランダはありますか？
4　Ich bezahle für .... Fahrkarten.　私は彼の切符の代金を払う。
5　Der Chef arbeitet in .... Büro.
　　課長（上司）は自分のオフィスで仕事をしている。

> 4番では「切符」は女性名詞で、単数だと **Fahrkarte** になることに注意しましょう。

第24課 あなたのお仕事は何ですか?

所有冠詞 ihr / Ihr / unser / euer

所有冠詞 ihr / Ihr / unser / euer については以下に注意しましょう。

- 所有冠詞 ihr / Ihr / unser / euer の変化は所有冠詞 mein / dein / sein の変化に準じます。
- 複数与格の名詞の後には通常、n を加えます。
- unser / euer の変化形は 3 つの e を含む場合、真ん中の e を省略することがあります。

【ihr：sie の所有物】

	男性単数	女性単数	中性単数	複数
主格	ihr Hund　犬	ihre Katze　猫	ihr Tier　動物	ihre Tiere　動物
対格	ihren Hund	ihre Katze	ihr Tier	ihre Tiere
与格	ihrem Hund	ihrer Katze	ihrem Tier	ihren Tieren

【Ihr：Sie（単数・複数）の所有物】

	男性単数	女性単数	中性単数	複数
主格	Ihr Hund	Ihre Katze	Ihr Tier	Ihre Tiere
対格	Ihren Hund	Ihre Katze	Ihr Tier	Ihre Tiere
与格	Ihrem Hund	Ihrer Katze	Ihrem Tier	Ihren Tieren

【unser：wir の所有物】

	男性単数	女性単数	中性単数	複数
主格	unser Hund	uns(e)re Katze	unser Tier	uns(e)re Tiere
対格	uns(e)ren Hund	uns(e)re Katze	unser Tier	uns(e)re Tiere
与格	uns(e)rem Hund	uns(e)rer Katze	uns(e)rem Tier	uns(e)ren Tieren

【euer：ihr の所有物】

	男性単数	女性単数	中性単数	複数
主格	euer Hund	eu(e)re Katze	euer Tier	eu(e)re Tiere
対格	eu(e)ren Hund	eu(e)re Katze	euer Tier	eu(e)re Tiere
与格	eu(e)rem Hund	eu(e)rer Katze	eu(e)rem Tier	eu(e)ren Tieren

所有冠詞 ihr / Ihr / unser / euer は mein / dein / sein とは違うパターンで変化する

練習の前に！ 次の名詞の意味と性を調べてみよう。
Beruf   Bild   Kreditkarte   Sofa

1 適切な形の所有冠詞 ihr を空欄に入れなさい。

1 .... Auto ist zu langsam. 彼女の自動車は遅すぎる。
2 Willi arbeitet zusammen mit .... Onkel.
   ヴィリーは彼女の叔父と一緒に働いている。
3 Wir kennen .... Familie schon lange.
   私たちは彼女の家族とはもう長いこと知り合いです。

2番の Onkel「叔父」は男性の人物を指すので男性名詞です。

2 適切な形の所有冠詞 Ihr を空欄に入れなさい。

1 Wir finden .... Buch interessant.
   私たちはあなたの本が興味深いと思います。
2 Was ist .... Beruf? あなたのお仕事は何ですか？
3 Bezahlen Sie mit .... Kreditkarte? クレジットカードでお支払いですか？

3番のように前置詞 mit は「〜を使って」という意味で使うことがあります。

3 適切な形の所有冠詞 unser を空欄に入れなさい。

1 .... Laden ist bis 20 Uhr auf. 私たちの店は20時まで開いている。
2 Wir laden .... Lehrer zur Party ein.
   私たちは先生をパーティーに招待します。
3 .... Haus steht an einem Fluss.
   私たちの家はある川のほとりに立っています。

1番の Laden「店」、2番の Lehrer「教師」はともに男性名詞です。

4 適切な形の所有冠詞 euer を空欄に入れなさい。

1 Besucht ihr oft .... Großvater?
   君たちはよくお祖父さんのところに行くのかい？
2 .... Bilder sind wunderbar. 君たちの絵（複数）はすばらしい。
3 Seid ihr mit .... Sofa zufrieden?
   君たちは君たちのソファーに満足しているのかい？

2番の Bilder「絵」は複数形です。

第25課 エレベーターを使えますか？

話法の助動詞 können / müssen / wollen の現在形

　話法の助動詞は動詞の不定詞と組み合わせて使います。ここでは話法の助動詞 können「〜できる」、müssen「〜しなければならない」、wollen「〜するつもりだ」を取り上げます。
- 不規則な現在人称変化をします。
- 話法の助動詞を定動詞として使う場合、通常の定動詞の位置に置きます。組み合わせる不定詞は文末に置きます。

不定詞			können	müssen	wollen
単数	1人称		kann	muss	will
	2人称・親称		kannst	musst	willst
	2人称・敬称		können	müssen	wollen
	3人称		kann	muss	will
複数	1人称		können	müssen	wollen
	2人称・親称		könnt	müsst	wollt
	2人称・敬称		können	müssen	wollen
	3人称		können	müssen	wollen

　🛟 **話法の助動詞の現在人称変化は不規則**

		1番目	2番目	・・・	文末
平叙文		Paul	muss	bis morgen	umziehen.
	\multicolumn{5}{l}{パウルは明日までに引っ越さないといけない。}	
決定疑問文		Muss	Paul	bis morgen	umziehen?
	\multicolumn{5}{l}{パウルは明日までに引っ越さないといけませんか？}	
補足疑問文		Bis wann	muss	Paul	umziehen?
	\multicolumn{5}{l}{パウルはいつまでに引っ越さないといけませんか？}	

　🛟 **話法の助動詞を使った文では不定詞を文末に置く**

練習の前に！ 現在形で挙げる次の動詞の不定詞を作ってみよう。
（ihr）arbeitet　　（er）ist　　（sie）nimmt　　（du）wohnst

1 カッコ内の話法の助動詞を主語に合った現在形に変えて空欄に入れなさい。

1. In der Freizeit .... sie Fußball spielen. ［wollen］
   余暇にはあの人たちはサッカーをするつもりだ。
2. Ich .... am Fenster sitzen. ［wollen］　私は窓際に座るつもりだ。
3. .... ich den Aufzug benutzen? ［können］　エレベーターを使えますか？
4. Andreas .... für den Test lernen. ［müssen］
   アンドレアスは試験のために勉強しなければならない。

話法の助動詞の現在形は1人称単数と3人称単数の形が同じになります。

2 カッコ内の単語を並べ替えて空欄に入れ、疑問文を作りなさい。助動詞は現在形にすること。

1. ....? ［bestellen / Sie / Wurst / wollen］
   ソーセージを注文されたいのですか？
2. ....? ［ins Ausland / fahren / wir / können］
   私たちは外国に行けますか？
3. ....?
   ［Frau Holler / reservieren / ein Einzelzimmer / warum / müssen］
   ホラーさんはなぜシングルルームを予約しないといけないのですか？

話法の助動詞と結びつく不定詞は文末に置くことに注意しましょう。

3 カッコ内の助動詞のうち内容的に適切な方を主語に合った現在形に変えて空欄に入れなさい。

1. Der Kühlschrank ist kaputt.
   Deshalb .... wir ihn reparieren. ［können / müssen］
   その冷蔵庫は壊れています。なので私たちはそれを修理しないといけません。
2. Franziska kommt immer zu spät zum Unterricht.
   Sie .... pünktlich sein. ［können / müssen］
   フランチスカはいつも授業に遅刻します。彼女は時間を守らないと行けません。
3. Es gibt heute keine Hausaufgaben.
   Deshalb .... meine Söhne zu Hause fernsehen. ［müssen / wollen］
   今日は宿題がありません。なので私の息子たちは家でテレビを見るつもりです。

文脈をよく理解すればそれほど難しい問題ではありません。

会話に使える単語を覚えよう！(2) ～家族・身体・服飾品～

1　家族に関わる語彙

die Familie	家族		
der Vater	父	die Mutter	母
das Kind	子供	das Baby	赤ん坊
der Mann	夫	die Frau	妻
die Eltern	両親		
der Bruder	兄／弟	die Schwester	姉／妹
die Geschwister	きょうだい		
der Sohn	息子	die Tochter	娘
der Großvater	祖父	die Großmutter	祖母
die Großeltern	祖父母		
der Onkel	叔父	die Tante	叔母
der Cousin	いとこ（男性）	die Cousine	いとこ（女性）
der Schwager	義兄弟	die Schwägerin	義姉妹
der Junge	男の子	das Mädchen	女の子
der Freund	友人	die Freundin	友人（女性）
der Geburtstag	誕生日	heiraten	結婚する

2　身体

der Körper	体	das Gesicht	顔
der Kopf	頭	das Haar	髪
das Auge	目	die Wimper	まつげ
das Ohr	耳	die Nase	鼻
der Zahn	歯	der Mund	口
die Hals	首	die Lippe	唇
die Schulter	肩	die Brust	胸
der Bauch	腹	der Arm	腕
der Magen	胃	der Finger	指
die Hand	手	der Fuß	足
das Bein	脚	der Nagel	爪

gesund	健康である	die Gesundheit	健康
krank	病気である	die Krankheit	病気
die Erkältung	風邪	das Fieber	熱
der Kopfschmerz	頭痛	der Schnupfen	鼻炎
der Jetlag	時差ぼけ	müde	疲れた／眠い

3　服飾品

der Hut	帽子	die Mütze	キャップ
die Jacke	上着	der Anzug	スーツ
die Bluse	ブラウス	das Hemd	シャツ
die Hose	ズボン	das Kleid	ワンピース
das T-Shirt	Tシャツ	der Rock	スカート
die Unterwäsche	下着	die Tracht	民族衣装
der Pullover	セーター	der Schuh	靴
der Stiefel	ブーツ	die Socke	靴下
der Turnschuh	スニーカー	die Sandale	サンダル
anprobieren	試着する	umtauschen	交換する
das Kaufhaus	デパート	das Modegeschäft	ブティック
die Tasche	バッグ	die Uhr	時計
das Handy	携帯電話	die Sonnenbrille	サングラス
die Brille	眼鏡	die Kontaktlinse	コンタクトレンズ
das Taschentuch	ハンカチ	das Handtuch	タオル
das Kosmetiktuch	ティッシュペーパー		
der Ohrring	イヤリング	die Halskette	ネックレス
der Gürtel	ベルト	die Krawatte	ネクタイ
der Ärmel	袖	der Knopf	ボタン
der Schirm	傘	der Schal	マフラー／ショール

第26課 図書館では喫煙は許されていません

話法の助動詞 dürfen / sollen の現在形

ここでは話法の助動詞 dürfen「～してもよい」と sollen「～するべきである」を取り上げます。これらを使う際の注意点は話法の助動詞 können / müssen / wollen の場合と同じです。

不定詞		dürfen	sollen
単数	1人称	darf	soll
	2人称・親称	darfst	sollst
	2人称・敬称	dürfen	sollen
	3人称	darf	soll
複数	1人称	dürfen	sollen
	2人称・親称	dürft	sollt
	2人称・敬称	dürfen	sollen
	3人称	dürfen	sollen

möchte ＋不定詞の文型

動詞形 möchte「好きだ／～したい」は話法の助動詞と同じ文型で不定詞と共に使うことができます。wollen「～するつもりだ」と同じく要望を表しますが、より婉曲的な表現です。

Wir möchten im Urlaub nach Deutschland fahren.
私たちは休暇にドイツに行きたい。

Möchten Sie mit dem Bus zum Flughafen fahren?
あなたはバスで空港に行きたいのですか？

> 🛟 **möchte は婉曲的な表現で用いる**

話法の助動詞の不定詞省略用法

話法の助動詞や möchte ＋不定詞の文型では前後の脈絡から補える場合、しばしば不定詞が省略されます。

Können Sie Deutsch (sprechen)?　　　あなたはドイツ語ができますか？
Ich möchte im Sommer nach Japan (fahren).　　　私は夏に日本に行きたいです。

練習の前に！ 現在形で挙げる次の動詞の不定詞を作ってみよう。
（ich) bin　　（er) läuft　　（ihr) seht　　（du) nimmst

1 カッコ内の話法の助動詞を主語に合った現在形に変えて空欄に入れなさい。

1 In der Bibliothek .... Sie nicht rauchen. 〔dürfen〕
図書館では喫煙は許されていません。

2 Ihr .... für euere Gesundheit viel Gemüse essen. 〔sollen〕
君たちは自分の健康のために野菜をたくさん食べた方がいいよ。

3 .... wir hier Fußball spielen? 〔dürfen〕
僕たちここでサッカーをしていいですか？

4 Ich .... jetzt nach Hause gehen. 〔sollen〕
私は今から家に帰るよう言われています。

話法の助動詞の現在人称変化はどれも同じパターンです。

2 次から適切な助動詞を選び、空欄に入れなさい。

> darf　　sollst　　möchte　　möchtet

1 .... ihr die Prüfung wiederholen?　君たちは再試験を受けたいですか？

2 Die Tür ist zu. Du .... draußen warten.
ドアは閉まっているよ。君は外で待てと言われている。

3 Ich .... gern einmal mit einem Schiff reisen.
私は一度船で旅行してみたいものです。

4 .... ich dein Handy benutzen?　君の携帯電話を使っていいかい？

それぞれの話法の助動詞の意味に気をつけよう。

3 カッコ内の話法の助動詞を使って文を書き換えなさい。

1 Wir machen das Licht an. 〔sollen〕　私たちは明かりをつける。
→ ....

2 Hier schwimmt ihr nicht. 〔dürfen〕　君たちはここでは泳がない。
→ ....

3 Takuya spricht schon sehr gut Deutsch. 〔können〕
卓也はもうとても上手にドイツ語を話す。
→ ....

話法の助動詞と結びつく不定詞の位置に気をつけましょう。

第27課 私たちは毎年休暇で夏にバルト海に行きます

属格の定冠詞・不定冠詞

属格は名詞同士の所属関係を表します。属格の名詞に冠詞が伴う場合、以下に注意しましょう。

- 単数属格の男性名詞と中性名詞に伴う定冠詞はdes、不定冠詞はeinesです。
- 単数属格の女性名詞と複数属格の名詞に伴う定冠詞はderです。複数属格の名詞に伴う不定冠詞はありません。また、複数属格名詞がその前に何も伴わずに使われることもありません。
- 単数属格の男性名詞・中性名詞の場合、名詞の後に(e)sを加えることが多くあります。

	男性単数	女性単数	中性単数	複数
属格 定冠詞	des Bahnhofs 駅	der U-Bahn 地下鉄	des Taxis タクシー	der Bahnhöfe 駅
属格 不定冠詞	eines Bahnhofs	einer U-Bahn	eines Taxis	—

ドイツ語文法の参考書や教材によっては属格を「2格」と呼ぶこともあります。

> 🛟 通常、代名詞の属格は使わない

定冠詞類 jeder / alle / manche

jeder「全ての」、alle「すべての」、manche「少なくない」も定冠詞の一種です。
- jederは常に単数で使います。alle / mancheは通常、複数で用います。
- jeder / alle / mancheの変化は定冠詞に準じます。
- 名詞なしで使われることもよくあります。

	jeder			alle	manche
	男性単数	女性単数	中性単数	複数	複数
主格	jeder Morgen 朝	jede Nacht 夜	jedes Jahr 年	alle Jahre 年	manche Tage 日
対格	jeden Morgen	jede Nacht	jedes Jahr	alle Jahre	manche Tage
与格	jedem Morgen	jeder Nacht	jedem Jahr	allen Jahren	manchen Tagen
属格	jedes Morgens	jeder Nacht	jedes Jahrs	aller Jahre	mancher Tage

> 🛟 定冠詞類は名詞なしで使われることもある

練習の前に！ 次の名詞の意味と性を調べてみよう。
Gast   Kunst   Sommer   Stadt

1 カッコ内の冠詞を適切な形に変えて空欄に入れなさい。

1. Uli möchte .... Gast Wein anbieten.　［jeder］
   ウリは客の全員にワインを出したいと思っています。
2. Wir fahren .... Sommer im Urlaub an die Ostsee.　［jeder］
   私たちは毎年休暇で夏にバルト海に行きます。
3. Es gibt nicht in .... Zügen ein Zugrestaurant.　［alle］
   すべての列車に食堂車があるわけではありません。
4. .... Menschen sind nicht besonders freundlich.　［manche］
   特別に親切ではない人もいます（少なくありません）。
5. An .... Tagen will ich nur zu Hause bleiben und fernsehen.　［manche］
   私は家に籠ってテレビを見るだけにしたい日もあります（少なくありません）。

alle, manche は通常、複数で用います。

2 属格の定冠詞を空欄に入れなさい。

1. Er ist der Chef .... Hotels.　　　彼はそのホテルの支配人です。
2. Wo ist der Eingang .... Bahnhofs?　その駅の入口はどこですか？
3. Hier ist der Parkplatz .... Firma.　その会社の駐車場はここです。
4. In München steht das „Museum .... Kunst".
   ミュンヘンには「芸術博物館」があります。
5. Ihr Vater ist der Bürgermeister .... Stadt Straubing.
   彼女の父親はシュトラウビング市の市長です。

属格の時に名詞の後に(e)sが加わるのは男性名詞と中性名詞の場合です。

3 属格の不定冠詞を空欄に入れなさい。

1. Meine Frau ist Chefin .... Zeitschrift.　私の妻はある雑誌の編集長だ。
2. Mein Sohn schickt eine E-Mail an das Büro .... Kindergartens.
   私の息子はある幼稚園の事務室に電子メールを送る。
3. In diesem Haus wohnen Mitarbeiter .... Hotels.
   この家にはあるホテルの従業員［複数］が住んでいる。
4. Martin trifft Anna vor dem Eingang .... Bibliothek.
   マルティンはある図書館の入口の前でアンナに会う。

1番のZeitschrift「雑誌」、4番のBibliothek「図書館」は女性名詞です。

第28課 私はこの女性は知りません

定冠詞類 dieser / welcher

dieser「この」と welcher「どの」は定冠詞の一種です。
- dieser と welcher の変化は定冠詞に準じます。
- welcher は疑問詞としても用い、疑問文ではそれが伴う名詞と共に文頭に置かれます。前置詞が必要な場合、welcher の前に置かれます。

【dieser】

	男性単数	女性単数	中性単数	複数
主格	dieser Anzug スーツ	diese Stadt 街／市	dieses Kleid ワンピース	diese Anzüge スーツ
対格	diesen Anzug	diese Stadt	dieses Kleid	diese Anzüge
与格	diesem Anzug	dieser Stadt	diesem Kleid	diesen Anzügen
属格	dieses Anzugs	dieser Stadt	dieses Kleid	dieser Anzüge

【welcher】

	男性単数	女性単数	中性単数	複数
主格	welcher Anzug	welche Stadt	welches Kleid	welche Anzüge
対格	welchen Anzug	welche Stadt	welches Kleid	welche Anzüge
与格	welchem Anzug	welcher Stadt	welchem Kleid	welchen Anzügen
属格	welches Anzugs	welcher Stadt	welches Kleid	welcher Anzüge

> 🛟 **定冠詞類は冠詞に準じた変化をする**

特殊な代名詞

特殊な代名詞をいくつか取り上げます。
- すべて3人称単数として使われ、通常、属格は使われません。

	人を表すもの			物を表すもの		
	一般的	不特定	否定	全て	不特定	否定
主格	man 人々	jemand 誰か	niemand 誰も〜ない	alles 全て	etwas 何か	nichts 何も〜ない
対格	einen	jemand(en)	niemand(en)	alles	etwas	nichts
与格	einem	jemand(em)	niemand(em)	allem	etwas	nichts

> 🛟 **特殊な代名詞は格による形の変化がないこともある**

練習の前に！ 次の名詞の性と意味を調べてみよう。
Kino　　Rose　　Schuh　　Zug

1 dieser か welcher のどちらかを適切な形に変えて空欄に入れなさい。

1　Ich kenne .... Frau nicht.　　私はこの女性は知りません。
2　.................... Kleid möchtest du kaufen?　　どのワンピースを君は買うのかい？
3　In .... Stadt wohnen Sie?　　あなたはどこの市に住んでいるのですか？
4　.................... Rosen sind schön.　　これらのバラは美しい。
5　In .... Kino gehst du?　　君はどこの映画館に行くのかい？
6　Was kosten .... Schuhe?　　この靴（複数）はおいくらですか？

Schuhe「靴」は通常、左右ひと揃えで使うので単数ではあまり使いません。

2 カッコ内の代名詞のうち内容的に適切な方を適切な形にし、空欄に入れなさい。

1　Hier darf .... nicht laut sprechen.　［man / niemand］
　ここでは大きな声で話すことは許されていません。
2　Jeder soll .... zur Party mitbringen.　［etwas / man］
　全員がパーティーに何か持って行くことになっています。
3　Ich will heute .... trinken.　［niemand / nichts］
　私は今日は何も飲みたくない。
4　Suchen Sie ....?　［jemand / alles］
　誰かお探しですか？
5　.................... liest dieses Buch.　［nichts / niemand］
　誰もこの本は読まない。
6　Willst du .... essen?　［man / etwas］
　君は何か食べるつもりかい？
7　Sag es bitte ....!　［alles / niemand］
　お願いだからこのことは誰にも言わないでくれ。
8　In dieser Stadt kenne ich ....　［etwas / niemand］
　この町では私は誰も知らない。
9　In diesem Hotel haben Sie ....　［man / alles］
　このホテルには何でもありますよ。

表されるのが人なのか物なのかに注意しましょう。

第29課 君たちはいつ次のコンサートをするんだい?

定冠詞・定冠詞類を伴う名詞の形容詞修飾

　定冠詞・定冠詞類と名詞の間に形容詞を置く場合、性・数・格によって、形容詞の後にeまたはenを加えます。
- 主格の場合、単数はe、複数はenを加えます。
- 対格の場合、男性単数と複数はen、中性・女性単数はeを加えます。
- 与格・属格の場合は常にenを加えます。

	男性単数	女性単数	中性単数	複数
主格	-e	-e	-e	-en
対格	-en	-e	-e	-en
与格	-en	-en	-en	-en
属格	-en	-en	-en	-en

🛟 形容詞は通常、名詞の前では語尾変化をする

der starke Kaffee	その濃いコーヒー (Kaffee＝男性名詞)
dieser jungen Dame	この若い女性に (Dame＝女性名詞)
die schwierigen Fragen	それらの難しい質問 (Fragen＝複数形)

不定冠詞を伴う名詞の形容詞修飾

　不定冠詞と名詞の間に形容詞を置く場合も、性・数・格によって形容詞の後に加える形が異なります。
- 主格の場合、男性単数はer、女性単数はe、中性単数はesを加えます。
- 対格の場合、男性単数はen、女性単数はe、中性単数はesを加えます。
- 与格・属格の場合、単数は常にenを加えます。
- 複数の不定冠詞はないので、名詞の前には形容詞しか置きません。複数主格・対格はe、複数与格はen、複数属格はerを加えます。

	男性	女性	中性	複数
主格	-er	-e	-es	-e
対格	-en	-e	-es	-e
与格	-en	-en	-en	-en
属格	-en	-en	-en	-er

　　eine kalte Nacht　寒い夜 (Nacht＝女性名詞)
　　ein dickes Buch　厚い本 (Buch＝中性名詞)

練習の前に！ 次の名詞の性と意味を調べてみよう。
Ecke　　Gleis　　Stuhl　　Theater

1 カッコ内の形容詞を適切な形に変えて空欄に入れなさい。

1　Die .... Kirche steht neben dem Theater.〔alt〕
　　その古い教会は劇場の隣にある。

2　Der .... Flughafen ist jetzt zu.〔ganz〕　空港全体が今では閉鎖されている。

3　Das .... Restaurant an dieser Ecke finde ich sehr gut.〔japanisch〕
　　この角にある日本料理店は良いと思う。

4　Wann wollt ihr das .... Konzert geben?〔nächst〕
　　君たちはいつ次のコンサートをするんだい？

5　Wir möchten das .... Lokal am See besuchen.〔neu〕
　　私たちは湖のところの新しいレストランに行きたい。

6　Ich wohne in dieser .... Stadt.　私はこの静かな街に住んでいる。〔ruhig〕

7　Diese .... Bäume sind sehr alt.　これらの高い木々はとても古い。〔hoch〕

　　7番の形容詞hoch「高い」は語尾変化をする場合、hoh-という形が基本になります。よく使う語なので注意しましょう。

2 カッコ内の形容詞を適切な形に変えて空欄に入れなさい。

1　Wir wünschen Ihnen eine .... Reise.〔gut〕
　　私どもは良い旅行をされることを願っています。

2　Sie bekommen später einen .... Imbiss mit Kaffee oder Tee.〔leicht〕
　　後ほど軽食とコーヒーか紅茶を差し上げます。

3　Können wir jetzt eine .... Pause machen?〔kurz〕
　　私たちは今から少し休憩できますか？

4　Ich möchte abends immer ein .... Essen haben.〔warm〕
　　私は晩にはいつも暖かい食事が欲しい。

5　Der Zug nach München fährt heute von einem .... Gleis ab.〔ander〕
　　ミュンヘン行きの列車は今日は違うホームから発車します。

6　.................. Sprachkurse dauern bei uns immer vier Wochen.〔normal〕
　　私どものところでは通常の語学講座はいつも4週間続きます。

7　Herr Krause ist mit seinem .... Auto nicht zufrieden.〔klein〕
　　クラウゼさんは自分の小さい自動車には満足していない。

　　5番のanderは代名詞ですが名詞を修飾する場合、形容詞に準じた変化をします。

第30課 他の書式はありませんか?

否定冠詞・所有冠詞を伴う名詞の形容詞修飾

否定冠詞・所有冠詞と名詞の間に形容詞を置く場合も性・数・格によって形容詞の後に加える形が異なります。

●否定冠詞・所有冠詞を伴う名詞の場合、不定冠詞を伴う名詞の場合と同じ形を形容詞の後に加えます。ただし、複数はいずれの格もenを加えます。

Haben Sie kein warmes Essen?　　暖かい料理はありませんか?
Sein neues Auto ist kaputt.　　　彼の新しい車は壊れている。

男性弱変化名詞

男性名詞の中には単数主格以外は (e)nで終わるものがあります。これらは**男性弱変化名詞**と呼ばれます。

主格	der Student 大学生	der Junge 少年	der Herr 紳士
対格	den Studenten	des Jungen	des Herrn
与格	dem Studenten	dem Jungen	dem Herrn
属格	des Studenten	den Jungen	den Herrn

🛟 **男性弱変化名詞は語尾変化に注意**

曜日の呼び名

ドイツ語の曜日の呼び名は以下の通りです。

月曜	火曜	水曜	木曜	金曜	土曜	日曜
Montag	Dienstag	Mittwoch	Donnerstag	Freitag	Samstag	Sonntag

🛟 **曜日の呼び名はすべて男性名詞**

曜日の呼び名を副詞的に使う場合は以下のように様々な前置詞と共に使います。

表す時間関係	用いる前置詞	前置詞句の例
～曜日以降	ab	ab Montag
～曜日に	an	am Montag　［縮約形］
～曜日まで	bis	bis Montag
～曜日以来	seit	seit Montag

🛟 **ab / bis / seitと共に使う場合、定冠詞は伴わないことも多い**

練習の前に！ 次の名詞の性と意味を調べてみよう。

Adresse   Formular   Haar   Spielzeug

1 カッコ内の形容詞を適切な形に変えて空欄に入れなさい。

1 Haben Sie kein .... Formular?〔ander〕　他の書式はありませんか？
2 Ich finde kein .... Spielzeug für meinen Sohn.〔gut〕
　私は息子にふさわしいおもちゃを見つけられません。
3 Das ist gut für Ihre .... Haare!〔schön〕
　これはあなたの美しい髪にはいいですよ！
4 Wir kennen euer .... Problem.〔groß〕
　僕らには君たちの大きな問題がわかっているよ。
5 Ist dein .... Anrufbeantworter kaputt?〔alt〕
　君の古い留守番電話機が壊れたのかい？
6 Schreiben Sie bitte Ihre .... Adresse hierher!〔neu〕
　あなたの住所をここにお書きになってください。
7 Ich möchte eine .... Jacke.〔grün〕　私は緑色の上着が欲しいです。

5番のAnrufbeantworter「留守番電話機」は男性名詞です。

2 カッコ内の単語を適切な形に変えて空欄に入れなさい。

1 Ich fahre zusammen mit diesem .... zur Arbeit.〔Student〕
　私はこの大学生と一緒に仕事に行く。
2 Ich will am Montag zur .... gehen.〔Universität〕
　私は月曜日には大学に行くつもりです。
3 Diesen .... kennen wir nicht.〔Herr〕　この紳士は存じ上げません。
4 Ich muss den .... bis Freitag schreiben.〔Brief〕
　私はその手紙を金曜日までに書かないといけません。
5 Was macht Niko für diesen ....?〔Junge〕
　ニコはこの男の子のために何をするんだい？
6 Seit Dienstag bin ich mit meinem .... zusammen.〔Vater〕
　火曜日から私は父と一緒にいる。

男性弱変化名詞の数は多くありません。この問題にも通常の男性名詞が含まれているので注意しましょう。また、中性名詞・女性名詞が男性弱変化名詞のような変化をすることはありません。

99 までの序数詞

順序を表すためには**序数詞**を使います。
- 通常、序数詞は基数詞から作りますが、例外的な形もあります。
- 文字で書く場合、数字の後にピリオド「.」を添えます。ただし、12までは数字でなく、読み方を綴りで書きます。
- 名詞の修飾に使う場合、形容詞と同じ変化をします。

【1から12まで】 様々な作り方があります。

数字	基数詞	数字	序数詞	数字	基数詞	数字	序数詞
1	eins	1.	erst	2	zwei	2.	zweit
3	drei	3.	dritt	4	vier	4.	viert
5	fünf	5.	fünft	6	sechs	6.	sechst
7	sieben	7.	siebt	8	acht	8.	acht
9	neun	9.	neunt	10	zehn	10.	zehnt
11	elf	11.	elft	12	zwölf	12.	zwölft

【13から19まで】 基数詞の後にtを加えます。

数字	基数詞	数字	序数詞	数字	基数詞	数字	序数詞
13	dreizehn	13.	dreizehnt	14	vierzehn	14.	vierzehnt
15	fünfzehn	15.	fünfzehnt	16	sechzehn	16.	sechzehnt

【10の位】 基数詞の後にstを加えます。

数字	基数詞	数字	序数詞	数字	基数詞	数字	序数詞
20	zwanzig	20.	zwanzigst	30	dreißig	30.	dreißigst
40	vierzig	40.	vierzigst	50	fünfzig	50.	fünfzigst
60	sechzig	60.	sechzigst	70	siebzig	70.	siebzigst
80	achtzig	80.	achtzigst	90	neunzig	90.	neunzigst

【21から99まで】 10の位の序数詞の前に1の位の基数詞とundを前に加えます。文字で書く場合、それぞれの要素の間には空白を置きません。

数字	基数詞	数字	序数詞
35	fünfunddreißig	35.	fünfunddreißigst
64	vierundsechzig	64.	vierundsechzigst

序数詞の読み方の例

25. fünfundzwanzigst
29. neunundzwanzigst
32. zweiunddreißigst
48. achtundvierzigst
59. neunundfünfzigst
62. zweiundsechzigst
75. fünfundsiebzigst
86. sechsundachtzigst
99. neunundneunzigst

Der erste Kunde kommt schon vormittags.
最初のお客さんはもう午前には来ます。(Kunde＝男性名詞)

Das ist unser zweites Auto.
これが私たちの2台目の自動車です。(Auto＝中性名詞)

Jeder dritte Zug kommt heute zu spät.
今日は3本に1本は列車が遅れている。(Zug＝男性名詞)

Gehen Sie die vierte Straße links!
4本目の通りを左に行ってください！（Staße＝女性名詞)

Ich lese dieses Buch schon zum fünften Mal.
私がこの本を読むのはもう5回目だ。(Mal＝中性名詞)

Das Büro von Frau Wiesner ist im 16.(＝sechzehnten) Stock.
ヴィースナーさんのオフィスは16階です。(Stock＝男性名詞)

> ドイツ語圏では日本語の「1階」は **Erdgeschoss** と呼び、「2階」以上の表現は日本語の場合よりひとつずつ少ない序数を使います。この場合は日本語の「17階」にあたります。

第31課 私の家族はこの週末、ハイキングに行く

副詞的対格

対格は通常、直接目的語を表しますが、時間や場所の表現にも使われます。

Meine Familie macht dieses Wochenende einen Ausflug.
私の家族はこの週末、ハイキングに行く。

Wir müssen diese Straße geradeaus bis zur nächsten Ecke gehen.
私たちはこの道を次の角までまっすぐ行かなければならない。

形容詞の名詞化(1)

形容詞は冠詞と共に、名詞として使うことができます。
- 男性名詞として使う場合は男性の人、女性名詞として使う場合は女性の人、複数名詞として使う場合は複数の人、中性として使う場合は抽象物（言語など）を表します。
- 末尾の形は相当する名詞がある場合と同じです。
- 文字で書く場合、大文字で始めます。

	形容詞		定冠詞を伴う例		不定冠詞を伴う例
男性単数	deutsch	ドイツの	der Deutsche	ドイツ人	ein Deutscher
女性単数	schön	美しい	die Schöne	美人	eine Schöne
中性単数	gut	良い	das Gute	善	ein Gutes
複数	klein	小さい	die Kleinen	子供たち	Kleine

> 形容詞は名詞化できる

etwas / nichts を修飾する形容詞

特殊な代名詞etwas / nichtsは形容詞で修飾することができます。
- 形容詞はetwas / nichtsの後に置きます。
- 文字で書く場合、形容詞は大文字で始めます。
- 形容詞の後には主格・対格の要素として用いる場合はesを、与格の要素として用いる場合はemを加えます。

Lesen Sie etwas Interessantes?　何か面白いものを読んでいるのですか？
In der Zeitung steht nichts Neues.　新聞には新しいことは何も載っていない。

練習の前に！ 次の表現の基となる形容詞を挙げてみよう。
die Deutsche　　eine Große　　der Kranke　　der Letzte

1 カッコ内の表現を適切な形に変えて空欄に入れなさい。

1　Meine Schwester spielt .... Tennis.〔jeder Tag〕
　　私の姉（または妹）は毎日テニスをする。
2　Der Student sitzt .... in der Bibliothek.〔der ganze Tag〕
　　その大学生は一日中図書館で座っている。
3　Gehen Sie .... links!〔die Straße dort〕
　　あそこの道を左に行ってください！
4　Johanna will .... in England studieren.〔ein Jahr〕
　　ヨハンナは一年間イギリスで大学に行くつもりだ。

冠詞類の変化形には特に注意しましょう。

2 カッコ内の形容詞を適切な形にして空欄に入れなさい。

1　Neben mir wohnt eine ....〔deutsch〕
　　私の隣にはひとりのドイツ人女性が住んでいる。
2　Diese Musik ist genau das .... für mich.〔richtig〕
　　この音楽はぼくにとってまさにぴったりだ。
3　Der .... muss im Bett bleiben.〔krank〕
　　その患者はベッドに寝たままでいないといけない。
4　Du hast schon zwei Anzüge, aber du musst noch einen .... kaufen.
　〔schwarz〕君はもうスーツは2着持ってるけど、黒いスーツも買わないといけないよ。

29課で取り上げた形容詞の語尾変化を再確認してから解いてみましょう。

3 カッコ内の形容詞を適切な形にして空欄に入れなさい。

1　Er schreibt in diesem Brief etwas ....?〔wichtig〕
　　彼はこの手紙では重要なことを書いている。
2　Ich möchte jetzt etwas ....〔kalt〕　私は今は冷たい物が欲しいです。
3　Man muss zu den Gästen immer etwas .... sagen.〔nett〕
　　お客さんたちには感じがいいことを言わなければなりません。
4　Mach jetzt nichts ....!〔falsch〕　今は間違ったことはしないでくれ！
5　Meine Mutter isst heute etwas ....〔besonder〕
　　母は今日は特別な物を食べている。

etwas / nichts を後から修飾する形容詞は大文字で始めることを忘れずに。

第32課 私の誕生日は3月24日です

序数詞は日付の表現に使うことができます。
- 日本語とは逆に、先に日を、後に月を置きます。
- 日は男性単数の定冠詞と共に序数詞を使って表します。序数詞の語尾は男性単数名詞を修飾する形容詞に準じますが、後に名詞は置きません。
- 月にはそれぞれ固有の呼び名があります。すべて男性名詞です。
- 副詞的に用いる場合、日にはam、月にはimを共に使います。
- 文字で日と月を並べて書く場合、月の前のimは省略します。また、月を序数詞で書くことがあります。

der 15.	15日	綴り：der fünfzehnte	der April	4月
am 15.	15日に	綴り：am fünfzehnten	im April	4月に
der 15. April	4月15日	綴り：der fünfzehnte April		
am 15. April	4月15日に	綴り：am fünfzehnten April		
der 15.4.	4月15日	綴り：der fünfzehnte vierte		
am 15.4.	4月15日に	綴り：am fünfzehnten vierten		

日、月の順で表す

【月の呼び名】

1月	der Januar	2月	der Februar	3月	der März
4月	der April	5月	der Mai	6月	der Juni
7月	der Juli	8月	der August	9月	der September
10月	der Oktober	11月	der November	12月	der Dezember

特殊な文型

通常、対格の要素は日本語の「〜を」で、与格の要素は日本語の「〜に」で訳しますが、例外的な場合もあります。日本語の「〜を」にあたる目的語が与格や前置詞句になったり、主語と目的語が入れ替わることもあります。

helfen「手伝う」：Lutz hilft seiner Mutter in der Küche.
　　　　　　　ルッツは母をキッチンで手伝う。

gefallen「気に入る」：Dieser Ort gefällt mir sehr.
　　　　　　　この場所を私はとても気に入っている。

warten「待つ」：Wir warten schon lange auf den Frühling.
　　　　　　　私たちはもう長いこと春を待っている。

練習の前に！ 次の名詞の性と意味を調べてみよう。
Bus　　Geburtstag　　Museum　　Termin

1 カッコ内の日付を空欄に書き入れなさい。綴りで書き、月も数字で書かないこと。

1　Mein Geburtstag ist der .... ．［3月24日］　私の誕生日は3月24日です。
2　Wir arbeiten vom .... bis zwanzigsten September.［8月13日］
　　私たちは8月13日から9月20日まで働きます。
3　Heute haben wir den .... ．［11月11日］　今日は11月11日です。
4　Schreiben Sie bitte den Brief bis zum .... ！［12月12日］
　　その手紙は12月12日までに書いてください！

　　bis zum は **bis** と同じように期限を表す表現です。

2 点線が引かれた日付の読み方を綴りで書きなさい。月も数字で書くこと。

1　Heute ist der 16.2.　　　　　　　　今日は2月16日です。
2　Am 4.4. ist der Bahnhof geschlossen.　駅は4月4日には閉鎖されています。
3　Dieses Museum ist auch am 2.6. auf.　この博物館は6月2日も開いています。
4　Ich habe am 3.9. einen Termin.　　　私は9月3日にアポイントメントがあります。

　　2番の **Bahnhof**「駅」は男性名詞です。

3 カッコ内の単語を並べ替えて空欄に入れ、文を作りなさい。動詞は現在形にすること。

1　Im .... ．　6月には休みが始まります。
　　［Juni / Ferien / beginnen / die］
2　Wir .... ．
　　［Gäste / im / haben / viele / August］
　　私たちのところには8月はたくさんのお客さん（複数）が来ます。
3　Könnt .... ？［mir / helfen / ihr］　君たち、ぼくを手伝ってくれる？
4　Der .... ．　その映画を彼はあまり気に入っていない。
　　［sehr / Film / gefallen / nicht / ihm］
5　Die .... ．
　　［nächsten / warten / den / Kinder / Bus / auf］
　　子供たちは次のバスを待っています。

　　1番の **Ferien**「休み」は常に複数で使います。2番の **Gäste**「客（複数）」は **Gast** の複数形です。

第33課 昔は私は一日に6時間働きました

規則変化動詞の過去基本形

過去形は定動詞の形の一種で、過去のできごとを表します。過去形は**過去基本形**から作りますが、その作り方は**規則変化動詞**と**不規則変化動詞**で異なります。ここでは規則変化動詞を取り上げます。

- 動詞の語幹の後にteを加えて過去基本形を作ります。
- 語幹がd / t / nで終わる動詞は、語幹の後にeteを加えて過去基本形を作ります。

不定詞	machen　する	arbeiten　働く
語幹	mach	arbeit
過去基本形	machte	arbeitete

> 🛟 **過去基本形の作り方は語幹+te**

規則変化動詞の過去人称変化

過去形にも人称変化があります。

	単数	複数
1人称	machte	machten
2人称・親称	machtest	machtet
2人称・敬称	machten	machten
3人称	machte	machten

> 🛟 **過去形の変化パターンは現在形とは異る**

過去人称変化で過去基本形の後に通常加えられる形は以下のようにまとめられます。

	単数	複数
1人称	-	-n
2人称・親称	-st	-t
2人称・敬称	-n	-n
3人称	-	-n

練習の前に！ 次の規則変化動詞の意味を調べ、過去基本形を作ってみよう。
grüßen   leben   reisen   zeigen

1 カッコ内の不定詞を主語に合った過去形にして空欄に入れなさい。

1 Unsere Lehrerin .... lange in dieser Stadt. ［leben］
   私たちの先生（女性）は長いことこの街に住んでいた。
2 Michael .... eine Flasche Bier aus dem Kühlschrank. ［holen］
   ミヒャエルは冷蔵庫からビールを一瓶取ってきた。
3 Gestern .... ich zwei Bleistifte. ［kaufen］　私は昨日、鉛筆を2本買った。
4 Susi .... im August nach Japan. ［reisen］
   ズージーは8月に日本へ旅行した。

   まずは動詞の語幹の形が重要です。通常、不定形の末尾のenを除いた形が語幹です。

2 点線が引かれたもののうち、適切な主語を選びなさい。

1 Wohnten ich / du / Sie hier im zweiten Stock?
   あなたはここの2階に住んでいたのですか？
2 Ich / wir / ihr studierten an einer gleichen Universität.
   私たちは同じ大学で勉強していました。
3 Wie viel zahltest du / er / Sie für dieses Auto?
   君はこの自動車のためにいくら払いましたか？
4 Früher arbeitete ich / wir / Sie sechs Stunden an einem Tag.
   昔は私は一日に6時間働きました。
5 Warum sagte du / er / wir mir kein Wort?　なぜ彼は私に何も言わなかったのだろう？

   過去人称変化は1人称単数と3人称単数が同じ形になります。

3 カッコ内の単語を並べ替えて空欄に入れ、文を作りなさい。動詞は過去形にすること。

1 Mit ....? ［gestern / Bernd / telefonieren / wem］
   ベルントは昨日、誰と電話していたのだろう？
2 Jeder .... ［seinen / zeigen / uns / Ausweis］
   全員が我々に身分証明書を示した。
3 Wir ...., ［eine / dem Kunden / neue / schicken / Karte］
   私たちは顧客に新しいカードを送った。

   3番のKunde「顧客」は男性弱変化名詞です。

第34課 ユッタは晩に長い手紙を書いた

不規則変化動詞の過去基本形

不規則変化動詞の過去基本形は規則動詞とは作り方が違います。

不定詞	bleiben 留まる	bringen 持って来る	essen 食べる
過去基本形	blieb	brachte	aß
不定詞	fahren 行く	finden 見つける	geben 与える
過去基本形	fuhr	fand	gab
不定詞	lesen 読む	stehen 立っている	wissen 知っている
過去基本形	las	stand	wusste

> 🛟 **不規則変化動詞の過去基本形は個々に覚えなければならない**

不規則変化動詞の過去人称変化

不規則変化動詞の過去人称変化については以下に注意しましょう。
- 過去基本形の後に加えられる形は通常、規則変化動詞の場合と同じです。
- 過去基本形がd/tで終わる動詞は、2人称単数・親称ではest、2人称複数（親称）ではetがその後に加えられます。
- 過去基本形がs/sch/ßで終わる動詞は、2人称単数・親称ではestがその後に加えられます。

不定詞		essen	fahren	stehen	lesen
単数	1人称	aß	fuhr	stand	las
	2人称・親称	aßest	fuhrst	standest	lasest
	2人称・敬称	aßen	fuhren	standen	lasen
	3人称	aß	fuhr	stand	las
複数	1人称	aßen	fuhren	standen	lasen
	2人称・親称	aßt	fuhrt	standet	last
	2人称・敬称	aßen	fuhren	standen	lasen
	3人称	aßen	fuhren	standen	lasen

> 🛟 **人称変化のパターンは規則動詞の場合と同じ**

練習の前に！ 次の不規則変化動詞の意味を調べ、過去基本形を作ってみよう。
gehen　　schreiben　　sitzen　　trinken

1 点線が引かれた動詞の不定形を書きなさい。

1　Ich gab ihm Feuer.　私は彼に（たばこの）火を貸した。
2　Im Restaurant tranken wir Bier.　私たちはレストランでビールを飲んだ。
3　Das wusste ich nicht.　私はそのことは知らなかった。
4　Ich brachte meinem Bruder zwei Flaschen Bier.
　　私は兄（弟）のところにビールを2本持って行った。

　　4番のbringenは文脈によって「持って行く」の意味になります。

2 カッコ内の不定詞を主語に合った過去形に変えて空欄に入れなさい。

1　Am Abend .... Jutta einen langen Brief.〔schreiben〕
　　ユッタは晩に長い手紙を書いた。
2　Meine Familie .... im Urlaub nach Bayern.〔fahren〕
　　私の家族は休暇でバイエルンに行った。
3　Nach dem Theater .... wir in ein Café.〔gehen〕
　　芝居の後で私たちは喫茶店に行った。
4　Die Kinder .... lange draußen.〔sitzen〕
　　子供たちは長いこと外に座っていた。

　　過去人称変化は1人称単数と3人称単数が同じ形になります。

3 カッコ内の単語を並べ替えて空欄に入れ、文を作りなさい。動詞は過去形にすること。

1　Wir ....　私たちは長い間劇場に留まっていた。
　　〔lange / Theater / im / bleiben〕
2　Am ....
　　〔in / einem / Fisch / Freitag / japanischen / ich / Restaurant / essen〕
　　私は金曜日に日本料理店で魚を食べた。
3　Der ....　その列車はゆっくりとしか進まなかった。
　　〔langsam / nur / Zug / fahren〕
4　Wir ....
　　〔Verkäufer / sehr / den / freundlich / finden〕
　　私たちはその店員をとても親切だと思った。

　　過去形の文でも単語の並べ方は現在形の文と同じです。

第35課 授業はすぐに始まった

sein / haben / werden / tun の過去基本形

sein「～である」、haben「持つ」、werden「～になる」、tun「する」は不規則変化動詞です。

不定詞	sein	haben	werden	tun
過去基本形	war	hatte	wurde	tat

sein / haben / werden / tun の過去人称変化

sein / haben / werden / tun の過去形にも人称変化があります。

不定詞		sein	haben	werden	tun
単数	1人称	war	hatte	wurde	tat
	2人称・親称	warst	hattest	wurdest	tatest
	2人称・敬称	waren	hatten	wurden	taten
	3人称	war	hatte	wurde	tat
複数	1人称	waren	hatten	wurden	taten
	2人称・親称	wart	hattet	wurdet	tatet
	2人称・敬称	waren	hatten	wurden	taten
	3人称	waren	hatten	wurden	taten

> 🛟 人称変化のパターンは他の動詞と同じ

分離動詞・非分離動詞の過去形

分離動詞・非分離動詞の過去形については以下に注意しましょう。
- 過去基本形は前綴りを除いた部分と同じ形の動詞に準じた形になります。
- 分離動詞の場合、分離前綴りはそれを除いた部分の後に置きます。

	通常の動詞	分離動詞	非分離動詞
不定詞	kaufen　買う	einkaufen　買い物する	verkaufen　売る
過去基本形	kaufte	kaufte ein	verkaufte

> 🛟 分離動詞・非分離動詞の過去基本形は通常の動詞の過去基本形に基づく

練習の前に！ 次の動詞の意味を調べ、過去基本形を作ってみよう。

anfangen　　bekommen　　verstehen　　vorstellen

1 カッコ内の不定詞を主語に応じた過去形に変えて空欄に入れなさい。

1　Am letzten Donnerstag .... wir in einem Geschäft in der Schillerstraße.［sein］
　先週の木曜日、私たちはシラー通りのある店にいました。
2　Dieses Hotel .... früher das Rathaus dieser Stadt.［sein］
　このホテルはかつてこの市の市役所でした。
3　Meine Mutter .... drei Autos.［haben］
　私の母は3台の自動車を持っていた。
4　................ du kein Geld?　君はお金を持ってなかったの？［haben］
5　Seine Tochter .... Ärztin.　彼の娘は医師になった。［werden］

2 カッコ内の不定詞を主語に応じた過去形に変えて空欄に入れなさい。何も入らない場合もあります。

1　Der Unterricht .... gleich ....　授業はすぐに始まった。［anfangen］
2　Wir .... im Geschäft Tomaten ....［bekommen］
　私たちは店でトマトを3つもらった。
3　Er .... am Anfang sein eigenes Wort nicht ....［verstehen］
　彼は始め、自分自身の言葉を理解していなかった。
4　Brigitte .... mir ihre Eltern ....［vorstellen］
　ブリギッテは私に彼女の両親を紹介してくれた。

　　　　　　分離動詞と非分離動詞の区別に注意しましょう。

3 カッコ内の単語を並べ替えて空欄に入れ、文を作りなさい。動詞は過去形にすること。

1　Auf ....．手紙には宛名がなかった。
　［Empfänger / Brief / kein / dem / stehen］
2　Nach ....．仕事の後で運転手はとても眠くなった。
　［Fahrer / sehr / Arbeit / müde / der / der / sein］
3　Alle ....．全員が列車から降りた。
　［Zug / dem / aus / aussteigen］
4　Wir ....．私たちはパーティーで大きなケーキを食べた。
　［Party / großen / auf / Kuchen / der / einen / essen］

　　　　　3番のaussteigen「降りる」は分離動詞です。

100万までの数の表現と年号

1 000 000 までの数の表現

100以上1 000 000以下の数を表すためには以下の表現を適宜組み合わせて使います。

数字	数詞	数字	数詞	数字	数詞
100	hundert	1 000	tausend	1 000 000	eine Million

- 1 000 000未満の数はhundertまたはtausendと他の基数詞を組み合わせて表現します。
- 1 000, 10 000は例外的にeinsではなくeinと組み合わせます。ただし、これは省略が可能です。
- 「万」にあたる単位はありません。
- Millionは名詞として使います。
- 文字で書く場合、3桁ごとに空白を入れます。

156	(ein)hundertsechsundfünfzig
249	zweihundertneunundvierzig
1 291	(ein)tausendzweihunderteinundneunzig
10 326	zehntausenddreihundertsechsundzwanzig
250 500	zweihundertfünfzigtausendfünfhundert

年号

年号を表現する場合、以下に注意しましょう。

- 年号は通常の数の表現で表します。ただし、文字で書く場合、3桁ごとの空白は使いません。
- 1100年から1999年までは例外的に2桁ごとに分けて表します。

794年	siebenhundertvierundneunzig
1945年	neunzehnhundertfünfundvierzig
1989年	neunzehnhundertneunundachtzig
2002年	zweitausendzwei
2015年	zweitausendfünfzehn

- 副詞的に使う時、前置詞は使いません。

Die Berliner Mauer fiel 1989.　ベルリンの壁は1989年に倒れた。

1 次の数字の読み方を書いてみましょう。
1　516
2　3 863
3　91 212

2 次の読み方をする数字を書いてみましょう。
1　achthundertdrei
2　achtzigtausendneunhundertdreißig

3 次の年号の読み方を書いてみましょう。
1　1492 年
2　1868 年

4 次の読み方をする年号を書いてみましょう。
1　zweitausendzwanzig
2　neunzehnhundertneunundachtzig

解答
1　1. fünfhundertsechzehn　　2. dreitausendachthundertdreiundsechzig
　　3. einundneunzigtausendzweihundertzwölf
2　1. 803　　2. 80 930
3　1. vierzehnhundertzweiundneunzig　　2. achtzehnhundertachtundsechzig
4　1. 2020 年　　2. 1989 年

会話に使える単語を覚えよう！(3)　〜旅行〜

1　交通機関

①自動車・バス

das Auto	自動車	der Parkplatz	駐車場
die Autobahn	高速道路	der Mietwagen	レンタカー
der Führerschein	運転免許証	das Taxi	タクシー
der Bus	バス	die Haltestelle	停留所

②鉄道・地下鉄・路面電車

die Bahn	鉄道	der Zug	列車
der Bahnhof	駅	der Hauptbahnhof	中央駅
die Abfahrt	(鉄道の)出発	die Ankunft	(鉄道の)到着
der Bahnsteig	ホーム	das Gleis	ホーム
die einfache Fahrt	片道	die Hin- und Rückfahrt	往復
der ICE	ICE(高速鉄道)	die Straßenbahn	路面電車
die U-Bahn	地下鉄	der Fahrgast	乗客
die Fahrkarte	切符	der Fahrschein	切符
der Anschluss	接続	der Schaffner	車掌
einsteigen	乗り込む	aussteigen	降りる
umsteigen	乗り換える		

③その他

das Flugzeug	飛行機	der Flug	フライト
der Abflug	(飛行機の)出発	der Schalter	窓口
der Flughafen	空港	das Fahrrad	自転車
das Schiff	船	das Motorrad	オートバイ
fahren	(乗り物で)行く	einchecken	チェックインする

2　宿泊施設

das Hotel	ホテル	die Jugendherberge	ユースホステル
das Zimmer	部屋	das Bett	ベッド
das Einzelzimmer	シングルルーム	das Doppelzimmer	ツインルーム
die Decke	掛け布団	das Kissen	枕
das Fenster	窓	der Fernseher	テレビ
der Aufenthalt	滞在	der Gast	客

das Bad	浴室	der Balkon	ベランダ
die Dusche	シャワー	die Rezeption	フロント
der Schlüssel	鍵	der Zimmerschlüssel	ルームキー
die Übernachtung	宿泊	der Safe	セーフティーボックス
die Minibar	ミニバー		
reservieren	予約する	übernachten	泊まる

3　旅先で

der Norden	北	der Süden	南
der Westen	西	der Osten	東
das Reisebüro	旅行代理店	der Reiseführer	旅行ガイド
der Tourist	観光客	die Touristeninformation	観光案内所
die Sehenswürdigkeit	名所	das Museum	博物館
das Kunstmuseum	美術館	die Ausstellung	展覧会
die Eintrittskarte	入場券	das Schließfach	ロッカー
die Kirche	教会	das Theater	劇場
das Rathaus	市役所	die Stadt	市街
besichtigen	見学する	besuchen	訪問する
der Passant	通行人	der Polizist	警察官
der Park	公園	der See	湖
der Berg	山	die Straße	通り／道路
der Koffer	スーツケース	der Aufzug	エレベーター
die Treppe	階段	die Toilette	トイレ
die Zahnbürste	歯ブラシ	die Zahnpasta	歯磨き粉
die Seife	石鹸		
die Kamera	カメラ	der Stadtplan	市街地図
die Postkarte	葉書	die Kreditkarte	クレジットカード
bar zahlen	現金で支払う		

第36課 私は今日は映画館に行けました

話法の助動詞の過去基本形・過去人称変化

話法の助動詞は不規則変化動詞です。
- 話法の助動詞の過去形も他の動詞同様の人称変化があります。
- 使う際の注意点は現在形の場合と同じです。
- 話法の助動詞に準じた文型で使うmöchte+不定形文型には過去形がありません。過去のできごとを表す場合、wollenで代用します。

不定詞	können 〜できる	müssen 〜しなければならない	wollen 〜するつもりだ	dürfen 〜してもよい	sollen 〜すべきだ
過去基本形	konnte	musste	wollte	durfte	sollte

🛟 話法の助動詞の過去基本形はどれもteで終わる

現在：Ich kann heute ins Kino gehen. 　私は今日は映画館に行けます。
過去：Ich konnte heute ins Kino gehen. 　私は今日は映画館に行けました。
現在：Wir möchten in diesem Sommer nach Italien fahren.
　　　私たちはこの夏イタリアに行きたいです。
過去：Wir wollten in diesem Sommer nach Italien fahren.
　　　私たちはこの夏イタリアに行きたかったです。

特殊な非分離動詞の過去形

非分離動詞の中には前綴りを除いた部分と同じ形の動詞が存在しないものがあります。それらは非分離のまま個別の過去基本形を持ちますが、他の動詞同様の過去人称変化があります。

不定詞	beginnen 始める／始まる	besichtigen 見学する	übernachten 泊まる	vergessen 忘れる	verlieren 失う
過去基本形	begann	besichtigte	übernachtete	vergaß	verlor

Dieses Bild besichtigen wir im Museum. 　私たちはこの絵を博物館で観る。

練習の前に！ 次の動詞の意味を調べ、過去基本形を作ってみよう。
besuchen　　sprechen　　vergessen　　verkaufen

1 次の文の定動詞を過去形にしなさい。

1　Heute können wir das „Technische Museum" besuchen.
　　今日、私たちは技術博物館を見学できます。
　　_____.

2　Hier darf man nicht schwimmen.　ここでは泳ぐことは許されていません。
　　_____.

3　Das darfst du nicht vergessen.　このことは忘れてはいけないよ。
　　_____.

4　Mein Auto muss ich leider verkaufen.　残念だが私の自動車は売らないといけない。
　　_____.

5　Sie müssen das Bier probieren.　そのビールは試してみないといけません。
　　_____.

6　Ich möchte heute mit Herrn Dolch sprechen.　今日ドルヒさんとお話したいのですが。
　　_____.

7　Frau Wieser übernachtet hier zwei Nächte.　ヴィーザーさんはここで2晩宿泊されます。
　　_____.

7番のübernachten「泊まる」のような動詞の過去基本形は個々に覚えましょう。

2 カッコ内の単語を並べ替えて空欄に入れ、文を作りなさい。動詞は過去形にすること。

1　Heute _____.　今日、私は切手を郵便局で買えました。
　　[ich / auf / Briefmarken / der Post / kaufen / können]

2　Herr Auer _____.　アウアーさんはまた自分の上着を忘れました。
　　[Jacke / wieder / seine / vergessen]

3　Im _____.　休暇には私たちは野外に行きたかった。
　　[die Natur / Urlaub / in / wir / fahren / wollen]

4　Ich _____.　私は彼に招待状を書かなければいけなかった。
　　[eine Einladung / schreiben / ihm / müssen]

5　Das _____.　試合は20時に始まった。
　　[Spiel / um 20 Uhr / beginnen]

2番のvergessen「忘れる」、5番のbeginnen「始める／始まる」の過去基本形に注意しましょう。

第37課 彼は何と言ったのですか？

現在完了形

　現在完了形は日常会話では通常、過去のできごとを表し、過去形と意味上の大きな違いはありません。
- 現在完了形は通常、**完了助動詞**habenの現在形と過去分詞を組み合わせて作ります。
- 完了助動詞habenは通常の定動詞の位置に置きます。組み合わせる過去分詞は文末に置きます。

	1番目	2番目	・・・	文末
平叙文	Ich	habe	Deutsch	gelernt.
	Deutsch	habe	ich	gelernt.
	私はドイツ語を勉強しました。			
決定疑問文	Haben	Sie	Deutsch	gelernt?
	あなたはドイツ語を勉強しましたか？			
補足疑問文	Wo	haben	Sie Deutsch	gelernt?
	あなたはどこでドイツ語を勉強しましたか？			

> 🛟 **過去分詞は常に文末に置く**

規則変化動詞の過去分詞

　規則変化動詞の過去分詞を作る場合、以下に注意しましょう。
- 過去分詞は通常、語幹の前にge、後にtを加えて作ります。
- 語幹がd / t / nで終わる動詞の場合、語幹の前にge、後にetを加えます。
- 不定詞がierenで終わる動詞の場合、語幹の前にgeを加えません。

不定詞	lernen　学ぶ	hören　聴く	arbeiten　働く	reservieren　予約する
語幹	lern	hör	arbeit	reserviert
過去分詞	gelernt	gehört	gearbeitet	reserviert

> 🛟 **規則動詞の過去分詞は通常、geで始まる**

練習の前に！ 次の動詞の意味を調べ、過去基本形を作ってみよう。
denken　　kaufen　　sagen　　zahlen

1 カッコ内の動詞を過去分詞に変えて空欄に入れ、現在完了形を含んだ文を作りなさい。

1　Ich habe schon eine Flasche Cola .... ［kaufen］
　　私はもうコーラを一瓶買った。
2　Wir haben unserem Lehrer für seine Hilfe .... ［danken］
　　私たちは先生に協力のお礼を言った。
3　Am Abend habe ich zu Hause Musik .... ［hören］
　　晩には私は家で音楽を聴いた。
4　Was hat er .... ? ［sagen］　彼は何と言ったのですか？
5　Wie viel hast du .... ? ［zahlen］　君はいくら払ったんだい？

　　カッコ内の動詞は全て規則変化動詞です。過去分詞は **ge** で始まり **t** で終わります。

2 次の文の現在形を現在完了形に置き換えなさい。

1　Wir wohnen in dieser Straße.　私たちはこの通りに住んでいます。
2　Ich reserviere einen Tisch für heute Abend.
　　私は今晩の席（テーブル）を予約します。
3　Meine Mutter arbeitet in diesem Geschäft.　私の母はこの店で働いています。
4　Wartet ihr vor der Rezeption auf mich?
　　君たちは僕をフロントの前で待ってくれるかい？

　　2、3、4番の動詞の過去分詞は少し特殊な作り方になるので注意しましょう。

3 カッコ内の単語を並べ替えて空欄に入れ、文を作りなさい。動詞は現在完了形にすること。

1　... ? ［Sohn / was / Ihr / studieren］
　　あなたの息子さんの大学での専門は何だったのですか？
2　Vielleicht ....　彼はお金を両替したかもしれない。
　　［er / Geld / wechseln］
3　Haben .... ?　もう朝食はお済みですか？
　　［Sie / frühstücken / schon］
4　Die ....　大学生たちは外でサッカーをしている。
　　［Studenten / Fußball / draußen / spielen］

　　2番の動詞 **wechseln**「両替する」は末尾の **n** を除いた形が語幹になります。

第38課 私たちは今日、ソーセージとパンを食べました

不規則変化動詞の過去分詞

不規則変化動詞の過去分詞は個々に覚える必要があります。
- 過去分詞はgeで始まります。
- 語幹の後の形は一定しません。

不定詞	essen 食べる	bringen 持って来る	sein 〜である
過去分詞	gegessen	gebracht	gewesen

🛟 **不規則動詞の過去分詞は末尾の形が一定しない**

分離動詞の過去分詞

分離動詞の過去分詞を作る場合、以下に注意しましょう。
- 前綴りを除いた部分と同じ形の動詞に準じた形になります。
- 文字で書く場合、分離動詞の過去分詞は全体を一語として書きます。

	通常の動詞	分離動詞	通常の動詞	分離動詞
不定詞	kaufen 買う	einkaufen 買い物する	nehmen 取る	mitnehmen 持って行く
過去分詞	gekauft	eingekauft	genommen	mitgenommen

🛟 **分離動詞の過去分詞は語の間にgeが入る**

非分離動詞の過去分詞

非分離動詞の過去分詞を作る場合、以下に注意しましょう。
- 前綴りを除いた部分と同じ形の動詞の過去分詞がgeで始まる場合、それを除き、前綴りを加えます。

	通常の動詞	非分離動詞	通常の動詞	非分離動詞
不定詞	kaufen	verkaufen 売る	kommen 来る	bekommen もらう
過去分詞	gekauft	verkauft	gekommen	bekommen

🛟 **非分離動詞の過去分詞は基本的にgeで始まらない**

練習の前に！　次の動詞の意味を調べ、過去分詞を作ってみよう。
schreiben　　sitzen　　trinken　　wissen

1 カッコ内の動詞を過去分詞に変えて空欄に入れ、現在完了形を含んだ文を作りなさい。

1　Ich habe heute Wurst und Brot .... ．［essen］
　私は今日、ソーセージとパンを食べました。
2　Die Schüler haben diesen Hund zum Arzt .... ．［bringen］
　生徒たちはこの犬を医者に連れて行きました。
3　Wir haben am Nachmittag eine Flasche Wein .... ．［trinken］
　私たちは午後、ワインを一瓶飲みました。
4　Herr Wehner hat sehr lange im Café .... ．［sitzen］
　ヴェーナーさんはとても長いこと喫茶店で座っていました。
5　Das habe ich nicht .... ．［wissen］　このことを私は知りませんでした。

2 次の文の現在形を現在完了形に置き換えなさい。

1　Wir laden zwei Freunde zur Party ein.　私たちは友人二人をパーティーに招待します。
2　Er verkauft mir das Auto.　　彼は私に自動車を売ります。
3　Auf dem Bahnsteig bekomme ich eine Karte.　私はホームで切符をもらいます。

　　1番の einladen「招待する」は laden「積む」からできた分離動詞です。laden の過去分詞は geladen です。

3 カッコ内の単語を並べ替えて空欄に入れ、文を作りなさい。動詞は現在完了形にすること。

1　Ich .... ．　私は自分の姓をその紙に書きました。
　［Familiennamen / das Papier / meinen / auf / schreiben］
2　Dieser .... ．　この日本映画を私はとても気に入りました。
　［Film / sehr / mir / japanische / gefallen］
3　Wir .... ．
　［unseren / ein Hähnchen / Gast / für / bestellen］
　私たちはお客さんのためにチキンを注文しました。

　　2番の gefallen「気に入る」、3番の bestellen「注文する」はともに、非分離動詞です。それぞれ fallen「落ちる」（過去分詞は gefallen）、stellen「置く」（過去分詞は gestellt）からできています。

第39課 授業はもう始まりましたか？

話法の助動詞の過去分詞

話法の助動詞の過去分詞は不定詞と同じ形です。ただし、不定詞省略用法の場合は、規則動詞に準じた形になります。

不定詞	können 〜できる	müssen 〜しなければならない	wollen 〜するつもりだ	dürfen 〜しても良い	sollen 〜すべきである
過去分詞 （通常の用法）	können	müssen	wollen	dürfen	sollen
過去分詞 （不定詞省略用法）	gekonnt	gemusst	gewollt	gedurft	gesollt

🛟 話法の助動詞の過去分詞は2種類の形がある

Ich musste sofort zum Chef gehen.
Ich habe sofort zum Chef gehen müssen.
Ich habe sofort zum Chef gemusst.
私は課長（上司）のところにすぐに行かなければならなかった。

特殊な非分離動詞の過去分詞

前綴りを除いた部分と同じ形の動詞が存在しない非分離動詞の場合、過去分詞は個々に覚える必要があります。

不定形	beginnen 始まる／始める	übernachten 泊まる	vergessen 忘れる	verlieren 失う
過去分詞	begonnen	übernachtet	vergessen	verloren

練習の前に！ 次の動詞の意味を調べ、過去分詞を作ってみよう。
besichtigen   erzählen   unterrichten   unterschreiben

1 次の文の定動詞を現在完了形に置き換えなさい。

1 Man soll hier unterschreiben.　ここにサインをすることになっています。
2 Wir müssen in Frankfurt umsteigen.
　私たちはフランクフルトで乗り換えなくてはいけません。
3 Ich will Sie etwas fragen.　私はあなたに少し質問するつもりです。
4 Er kann das Formular nicht ausfüllen.　彼はその書式に記入できません。
5 In diesem Raum darf man nicht rauchen.　この部屋では喫煙は許されていません。

全て不定詞を使う用法です。

2 次の文の現在完了形を過去形に置き換えなさい。

1 Letzte Woche haben wir diesen Reiseführer kaufen wollen.
　私たちは先週この旅行ガイドを買うつもりでした。
2 Haben Sie Ihren Vornamen buchstabieren müssen?
　あなたは名（ファーストネーム）を綴りで書かなくてはならなかったのですか？
3 Mit der Kreditkarte habe ich nicht zahlen können.
　私はクレジットカードでは支払いができませんでした。

過去人称変化を確認してから解いてみましょう。

3 カッコ内の動詞を過去分詞に変えて空欄に入れ、現在完了形を含んだ文を作りなさい。

1 Herr Meyer hat mit mir zusammen Deutsch .... [unterrichten]
　マイヤーさんは私と一緒にドイツ語を教えていました。
2 Hat der Unterricht schon .... ? [beginnen]
　授業はもう始まりましたか？
3 Heute haben wir eine Ausstellung in Hamburg .... [besichtigen]
　今日、私たちはハンブルクで展覧会を観ました。
4 Gert hat von seinen Großeltern .... [erzählen]
　ゲルトは彼の祖父母について話してくれた。

1番のunterrichten「指示する」はrichten「向ける」（過去分詞はgerichtet）、4番のerzählen「話す」はzählen「教える」（過去分詞はgezählt）からできた非分離動詞です。

第40課 私は休暇にフランスへ行きました

sein を用いた現在完了形

一部の動詞の現在完了形では完了助動詞として sein を使います。使う際の注意点は通常の現在完了形の場合と同じです。

平叙文： Ich bin im Urlaub nach Frankreich gefahren.
私は休暇にフランスへ行きました。
Im Urlaub bin ich nach Frankreich gefahren.
私は休暇にフランスへ行きました。
決定疑問文： Sind Sie im Urlaub nach Frankreich gefahren?
あなたは休暇にフランスへ行かれましたか？
補足疑問文： Wohin sind Sie im Urlaub gefahren?
あなたは休暇にどこへ行かれましたか？

完了助動詞 sein と haben の区別

完了助動詞として sein を使う動詞はすべて自動詞で、目的語を伴いません。また、次の2つのグループがあります。

【Aグループ】 場所の移動を表す動詞
fahren 行く　ankommen 到着する　など
【Bグループ】 主語の状態の変化を表す動詞
wachsen 成長する　aufstehen 起きる　など

> 場所の移動と変化を表す動詞はseinを用いる

また、sein「～である」と bleiben「留まる」はどちらのグループにも属しませんが完了助動詞 sein を使って現在完了形を作ります。

Herr Fischer ist den ganzen Sommer weg gewesen.
フィッシャーさんは夏の間はずっと不在でした。
Unsere Klasse ist die ganze Zeit in der Jugendherberge geblieben.
私たちのクラスはずっとユースホステルに留まりました。

練習の前に！　次の動詞の意味を調べ、過去分詞を作ってみよう。
fliegen　　gehen　　laufen　　ziehen

1 カッコ内の動詞を過去分詞に変えて空欄に入れ、現在完了形を含んだ文を作りなさい。

1　Klaus ist gerade einkaufen .... ．［gehen］
　　クラウスはちょうど買い物に行きました。

2　Sein Flugzeug ist schon .... ．［abfliegen］
　　彼の飛行機はもう出発しました。

3　Lukas und seine Familie sind nach Halle .... ．［umziehen］
　　ルカスと彼の家族はハレへ引っ越しました。

> 2番の **abfliegen**「飛び立つ」は **fliegen**「飛ぶ」（過去分詞は **geflogen**）、3番の **umziehen**「引っ越す」は **ziehen**「移動する」（過去分詞は **gezogen**）からできた分離動詞です。

2 カッコ内の単語を並べ替えて空欄に入れ、文を作りなさい。その際、助動詞を補って動詞を現在完了形に変化させること。

1　Wir .... ．私たちは授業の後、博物館に行きました。
　　［Museum / Unterricht / ins / dem / nach / gehen］

2　Der .... ．プラハからの列車はちょうど到着しました。
　　［Zug / Prag / gerade / aus / ankommen］

3　Ich .... ．私はすぐにスーパーマーケットに走り込みました。
　　［Supermarkt / den / gleich / in / laufen］

4　Meine .... ．私の娘はアメリカで医師になりました。
　　［Ärztin / Tochter / Amerika / in / werden］

> 2番の **ankommen**「到着する」は **kommen**「来る」（過去分詞は **gekommen**）からできた分離動詞です。

3 sein / haben のどちらか適切な方を現在形にして空欄に入れなさい。

1　Mein Bruder .... heute ins Konzert mitgekommen.
　　私の兄（または弟）は今日コンサートに一緒に来ました。

2　Wir .... lange auf den Anruf gewartet.
　　私たちは長いこと電話を待っていました。

3　Dieses Lied .... mir gefallen.　この歌を私は気に入りました。

> 完了動詞として **sein** を使う必要がある動詞はごく一部です。

時刻表現の基本

時刻の尋ね方・答え方
時刻について尋ねたり答えたりする場合、次の形が使われます。
Wie spät ist es?　　　　何時ですか？
Wie viel Uhr ist es?　　何時ですか？
Es ist ...　　　　　　　...時です。

公式の時刻の書き方
時刻を文字で表す場合、以下に注意しましょう。
- ●「時」と「分」の間にピリオド「.」を置きます。
- ●時刻を表す数字の後にUhrを置きます。

9時10分　　　9.10 Uhr

公式の時刻の読み方
交通機関や放送では時刻を読み上げる場合、「時」と「分」の間にUhrを置きます。

	9時10分	15時30分	20時12分
書き方	9.10 Uhr	15.30 Uhr	20.12 Uhr
読み方	neun Uhr zehn	fünfzehn Uhr dreißig	zwanzig Uhr zwölf

Wie viel Uhr ist es?
Es ist 2.10 Uhr.　　2時10分です。
Es ist 4.30 Uhr.　　4時30分です。
Es ist 9.50 Uhr.　　9時50分です。
Es ist 12.45 Uhr.　　12時45分です。
Es ist 19.55 Uhr.　　19時55分です。
Es ist 22.18 Uhr.　　22時18分です。

時刻を副詞的に表す場合

時刻を副詞的に表す場合、時刻表現の前にさまざまな前置詞を置きます。また、時刻を副詞的に尋ねる場合はwannまたはum wie viel Uhrを使います。

表現する時間	前置詞
何かが起こる時間	um　〜時に
持続することが始まる時間	ab, von　〜時から
持続することが終わる時間	bis　〜時まで

Wann fährt der Zug nach Berlin ab?　ベルリン行きの列車はいつ発車しますか？
Er fährt um 15.42 Uhr ab.　それは15時42分に発車します。
Um wie viel Uhr stehst du auf?　君は何時に起きるんだい？
Ich stehe um 6 Uhr auf.　僕は6時に起きるよ。

下線部の時刻表現の読み方を書いてみましょう。

1　Wir gehen um 17 Uhr nach Hause.
　　私たちは17時に帰宅します。

2　Ich möchte um 14.43 Uhr in Berlin losfahren.
　　私は14時43分にベルリンから出発したいです。

3　Herr Winter ist ab 10 Uhr im Büro.
　　ヴィンターさんは10時からオフィスにいます。

4　Ab 20.45 Uhr ist das Geschäft zu.
　　20時45分以降はこの店は閉まっています。

5　Unser Café ist ab 8 Uhr morgens auf.
　　私たちの喫茶店は朝8時から開いています。

6　Das Gespräch dauerte bis 19 Uhr.
　　話し合いは19時まで続いた。

7　Die Studenten blieben bis 22 Uhr in der Universität.
　　大学生たちは22時まで大学に残っていた。

8　Manuel arbeitet von 9.20 Uhr bis 17.10 Uhr.
　　マヌエルは9時20分から17時10分まで働いています。

解答

1. um siebzehn Uhr
2. um vierzehn Uhr dreiundvierzig
3. ab zehn Uhr
4. ab zwanzig Uhr fünfundvierzig
5. ab acht Uhr
6. bis neunzehn Uhr
7. bis zweiundzwanzig Uhr
8. von neun Uhr zwanzig bis siebzehn Uhr zehn

日常会話の時刻表現

日常会話の時刻の読み方

日常会話では、公式な場合と異なる時刻表現が使われます。以下に注意しましょう。

- 「時」単位の表現にUhrを使いません。
- 通常、12時間制で時刻を表します。
- 正時からの前後関係を前置詞nach「〜の後」、vor「〜の前」を使って表します。
- 「正時まで30分」の表現にはhalbを使います。
- 「正時前後15分」の表現にはViertelを使います。

9時	neun
9時20分	zwanzig nach neun
9時40分	zwanzig vor zehn
11時30分	halb zwölf
11時45分	Viertel vor zwölf
12時15分	Viertel nach zwölf

日常会話の時刻の読み方の例

Wie viel Uhr ist es?

Es ist zehn nach zwei.	2時10分です。	Es ist fünf nach fünf.	5時5分です。
Es ist Viertel nach acht.	8時15分です。	Es ist halb zehn.	9時30分です。
Es ist Viertel vor zehn.	9時45分です。	Es ist zehn vor elf.	10時50分です。
Es ist fünf vor zwölf.	11時55分です。		

ベルリンの「世界時計」

●副詞的に時刻を表す場合は公式の時刻表現と同様に前置詞を使います。

Marco steht um halb sechs auf.
マルコは5時30分に起きる。

Wir sprachen bis acht im Café.
私たちは喫茶店で8時まで話していた。

下線部の時刻の読み方を書いてみましょう。

1　Annette wird morgen um 7.00 Uhr zur Schule gehen.
　　アネッテは明日7時に学校へ行きます。

2　Morgen fängt der Unterricht um 8.30 Uhr an.
　　明日は授業は8時30分に始まります。

3　Der Zug wird um 11.45 Uhr in München ankommen.
　　その列車は11時45分にミュンヘンに到着します。

4　Ich werde morgen früh um 6.00 Uhr unser Geschäft aufmachen.
　　私は明日の朝6時に私たちの店を開けます。

5　Sie müssen heute bis 20.15 Uhr nach Hause kommen.
　　あなたは今日、20時15分までに家に帰らないといけません。

6　Wir werden heute bis 22 Uhr in der Stadt bleiben.
　　私たちは今日、22時まで街なかに留まります。

7　Morgen ist das Restaurant ab 16.00 Uhr auf.
　　明日はそのレストランは16時から開きます。

8　Nächste Woche arbeite ich nur von 10 Uhr bis 15 Uhr.
　　来週、私は10時から15時までしか働きません。

解答

1. um sieben
2. um halb neun
3. Viertel vor zwölf
4. um sechs
5. bis Viertel nach acht
6. bis zehn
7. ab vier
8. von zehn bis drei

第41課 私は息子に自動車を運転させる

使役文型

使役助動詞lassenと不定詞を組み合わせて作る**使役文型**は主語の働きかけで何らかのできごと（核となるできごと）が起こることを表します。
- 使役助動詞lassenを定動詞として使う場合、通常の定動詞の位置に置きます。組み合わせる不定詞は文末に置きます。
- 不定詞の主語にあたる名詞は対格の形になります。そのため文中に対格の要素が2つ現われる場合があります。

核となるできごと：Mein Sohn fährt Auto.　　息子は自動車を運転する。
使役文型：Ich lasse meinen Sohn Auto fahren.　　私は息子に自動車を運転させる。

> 🛟 **lassenは主語の働きかけで何らかのできごとが起こることを表す**

使役助動詞lassenの注意すべき用法

使役助動詞lassenを使う場合、以下の点に注意しましょう。
- 組み合わせて使う不定詞が省略されることがあります。
- 助動詞lassenの過去分詞はlassenですが、不定詞が省略される場合はgelassenになります。

通常の用法：　　Sie lässt die Kinder auf die Party gehen.
　　　　　　　　彼女は子供たちをパーティーへ行かせる。
不定詞省略用法：Sie lässt die Kinder auf die Party.
　　　　　　　　彼女は子供たちをパーティーへ行かせる。
通常の用法：　　Sie hat die Kinder auf die Party gehen lassen.
（現在完了形）　彼女は子供たちをパーティーへ行かせた。
不定詞省略用法：Sie hat die Kinder auf die Party gelassen.
（現在完了形）　彼女は子供たちをパーティーへ行かせた。

未来の表現

未来のできごとは現在形で表せますが、**未来形**を使うこともできます。未来形は**未来助動詞**werdenと不定詞を組み合わせ、話法の助動詞の文型に準じて使います。話し言葉では未来の時間を指す副詞類は伴わない方が自然です。

　Ich rufe dich später auf dem Handy an.　　後で携帯電話に電話するよ。
　Ich werde dich（später）auf dem Handy anrufen.　（後で）携帯電話に電話するよ。

練習の前に！ 次に過去基本形を挙げる動詞の意味を調べ、不定詞を作ってみよう。　holte ab　　kam an　　ließ　　wartete

1 次の文を核にして、ich を主語として「私は〜させる」という使役文型に書き換えなさい。

1　Unsere Töchter gehen heute Abend ins Theater.
　　私たちの娘たちは今晩、劇場へ行きます。
2　Die Schüler gehen alleine nach Hause.　　生徒たちは一人で家に帰ります。
3　Sigmar spielt Klavier.　　　　　　　　　　ジグマルはピアノを弾きます。
4　Mein Sohn macht Hausaufgaben.　　　　　息子は宿題をします。

　　　　もとの文の動詞は不定詞にして文末に置きます。

2 次の使役文型の核となるできごとを表す文を作りなさい。過去のできごとを表す文の動詞は現在完了形にすること。

1　Wir lassen die Studenten die ganze Nacht tanzen.
　　私たちは大学生たちに一晩中踊らせる。
2　Frau Weiß lässt ihren Sohn um 6.00 Uhr aufstehen.
　　ヴァイスさんは息子を6時に起こす。
3　Ich habe Tobias zu Hause fernsehen lassen.
　　私はトビアスに家でテレビを見させました。
4　Edgar ließ seine Frau lange warten.　　エトガーは妻を長いこと待たせた。

　　　　規則動詞と不規則動詞の違い、分離動詞と非分離動詞の違いに気をつけましょう。

3 次の文の現在形を未来形に置き換えなさい。

1　Wir fahren am Sonntag nach Zürich.
　　私たちは日曜日にチューリヒに行きます。
　　..．

2　Der Zug kommt um 19.22 Uhr in Freising an.
　　その列車は19時22分にフライジングに到着します。
　　..．

3　Anita besucht am Wochenende ihren Großvater.
　　アニタは週末に祖父を訪問します。
　　..．

　　　　ひとつ分離動詞が入っているので不定詞を作るときに気をつけましょう。

第42課 午後はサッカーをしようよ！

使役文型を使った勧誘文

使役助動詞lassenの命令形で**勧誘文**を作れます。勧誘する内容が核となるできごとになります。
- 不定詞の主語にあたる対格は常にunsです。
- 文末は感嘆符「！」で終わります。
- 勧誘する相手が単数か複数か、親称と敬称のどちらを用いるかにより形が変わります。

勧誘する内容（核となるできごと）：
　　　　　　　　　　Wir spielen am Nachmittag Fußball.
　　　　　　　　　　私たちは午後、サッカーをします。
勧誘文：（相手がdu）　Lass uns am Nachmittag Fußball spielen!
　　　　　　　　　　午後はサッカーをしようよ！
　　　（相手がihr）　Lasst uns am Nachmittag Fußball spielen!
　　　　　　　　　　午後はサッカーをしようよ！
　　　（相手がSie）　Lassen Sie uns am Nachmittag Fußball spielen!
　　　　　　　　　　午後はサッカーをしましょう！

> **lassenの命令形＋unsは勧誘を表す**

話法の助動詞wollenを使った勧誘文

主語をwirとする話法の助動詞wollenを使った疑問文も勧誘文によく使われます。

勧誘する内容：Wir gehen heute Abend zusammen ins Kino.
　　　　　　　私たちは今晩一緒に映画館に行きます。
勧誘文：　　　Wollen wir heute Abend zusammen ins Kino gehen?
　　　　　　　今晩一緒に映画館に行きませんか？

> **Wollen wirも勧誘を表す**

練習の前に！ 次の名詞の性と意味を調べてみよう。
Ausflug　　Messe　　Sonntag　　Wochenende

1 カッコ内の語句と使役助動詞 lassen の命令形を使って勧誘文を作りなさい。勧誘する相手は du とすること。

1 ....！ すぐにテレビをつけようよ！
　[anmachen / gleich / den Fernseher]
2 ....！ 仕事の後でビールを飲もうよ！
　[trinken / nach / ein Bier / der Arbeit]
3 ....！ またちょっと叔母さんのところに行こうよ！
　[doch mal wieder / besuchen / unsere Tante]
4 ....！ 次の日曜日は一緒に料理をしようよ！
　[doch / zusammen / nächsten Sonntag / kochen]

　doch は勧誘の気持ちを強める副詞です。勧誘文では doch がある方が自然です。

2 カッコ内の語句と使役助動詞 lassen の命令形を使って勧誘文を作りなさい。勧誘する相手は Sie とすること。

1 ....！ 後で見本市に行きましょう！
　[zur / fahren / Messe / später]
2 ....！ 今から食事を始めましょう！
　[anfangen / dem Essen / jetzt / mit]
3 ....！ ちょっと一緒に買い物に行きましょう！
　[doch mal / einkaufen / zusammen]

　mal「ちょっと」も勧誘文に使うと表現がより自然になります。

3 カッコ内の語句と話法の助動詞 wollen を使って勧誘文を作りなさい。

1 ....？ ここで切符を買いませんか？
　[kaufen / hier / die Fahrkarten]
2 ....？ ここを右に行きませんか？
　[rechts / gehen / hier]
3 ....？ 今から家に帰りませんか？
　[nach Hause / jetzt / fahren]

　話法の助動詞を含むので不定詞を文末に置きます。

第43課 学生たちは駅の前で落ち合う

複合名詞

ドイツ語では複数の語を結びつけて**複合名詞**を作ることができます。
- 複合名詞は常に全体を一語として扱います。
- 複合名詞の性は最後に置かれる名詞の性と同じです。
- 名詞同士を結びつける場合、間に特別な要素が入ることがあります。

frei + die Zeit	→ die Freizeit	余暇
fahr（fahrenの語幹）+ der Gast	→ der Fahrgast	乗客
das Gemüse + der Markt	→ der Gemüsemarkt	野菜市場
die Klasse + das Zimmer	→ das Klassenzimmer	教室
der Eintritt + die Karte	→ die Eintrittskarte	入場券

> 複合名詞の性は最後に置かれる名詞と同じ

再帰代名詞

1つの文中で3人称の主語と対格・与格の代名詞が同じ人や物を指す場合、再帰代名詞が用いられます。
- 対格でも与格でも、単数でも複数でも再帰代名詞の形はsichです。
- 1人称・2人称の主語と対格・与格の代名詞が同じ人や物を指しても再帰代名詞は使われません。ただし、敬称のSieが主語の場合は再帰代名詞が使われます。

Die Studenten treffen sich vor dem Bahnhof.　学生たちは駅の前で落ち合う。
Wir treffen uns vor dem Bahnhof.　私たちは駅の前で落ち合う。
Die Studenten dort kennen sich.　あそこの学生たちは知り合いだ。
Ihr kennt euch.　君たちは知り合いだ。

> 3人称の再帰代名詞は常にsich

練習の前に！ 次の複合名詞を2つに分解してみよう。
das Haustier　　　das Hotelzimmer　　　der Tennisplatz　　　das Weinglas

1 カッコ内に指示された語を適切な形にして空欄に入れなさい。

1　Ich warte .... Kunstmuseum auf dich.［前置詞vorと定冠詞］
　　私は君を美術館の前で待つ。
2　Wann ist .... Geburtstagsparty?［所有冠詞dein］
　　君の誕生パーティーはいつですか？
3　Wo soll ich .... Milchflasche abgeben?［定冠詞］
　　牛乳瓶はどこに出せばいいですか？
4　Haben Sie .... Zimmerschlüssel verloren?［所有冠詞Ihr］
　　ルームキーをなくされたのですか？
5　Sein Haus steht .... Marktplatz.［前置詞anと定冠詞］
　　彼の家は市場のところにある。
6　Ich spiele .... Großvater Tennis.［前置詞mitと所有冠詞mein］
　　私は祖父とテニスをする。

　　名詞**Schlüssel**「鍵」、**Platz**「広場」、**Vater**「父」は男性名詞、**Party**「パーティー」、**Flasche**「瓶」は女性名詞、**Museum**「博物館」は中性名詞です。

2 空欄には主語と同じ人称を指す代名詞が入ります。適切な代名詞を入れなさい。

1　Morgen kaufen wir .... die Fahrkarten.　　明日私たちは切符を買います。
2　Du musst .... die Hände waschen.　　君は手を洗わなければいけないよ。
3　Daniel legt .... auf das Bett.　　ダニエルはベッドに身を横たえる。
4　Carla und Jens helfen .... gegenseitig bei der Hausaufgabe.
　　カルラとイェンスは互いに宿題の手助けをする。
5　Die Studentin hat die Prüfung schon hinter ....
　　その女子大学生はすでに試験が終わっている。
6　Ich setze .... auf mein Fahrrad.　　私は自分の自転車の上に乗る。

　　直接目的語は対格、間接目的語は与格になるのが原則ですが、4番のhelfen「手伝う」の場合は例外です。また、5番の前置詞hinterは基本的に位置の表現として捉えます。

第44課 私は今日、祖父母に会います

再帰動詞

再帰動詞は、1つの文中で主語と同じ人や物を指す対格・与格の代名詞を伴う場合に特別な意味になる動詞です。

- 主語が3人称の場合、対格・与格の代名詞は再帰代名詞になります。
- 再帰動詞以外の用法がないものもあります。
- 特定の前置詞と強く結びつくものがあります。

通常の動詞： Ich treffe heute meine Großeltern.
　　　　　　　私は今日、祖父母に会います。
再帰動詞： 　Ich treffe mich heute mit meinen Großeltern.
　　　　　　　私は今日、祖父母に会います。

> 🛟 **再帰動詞は1つの文中で主語と同じ人や物を指す代名詞を伴う**

動詞の名詞化

動詞から名詞を作る際は、2種類の方法がよく使われます。

【不定詞を中性名詞にする】　不定詞をそのまま中性名詞にできます。
【語幹 +ung で女性名詞を作る】　語幹の後に ung を加えて女性名詞を作れます。

essen	食べる	→ das Essen	食事
einladen	招待する	→ die Einladung	招待

形容詞の名詞化 (2)

形容詞の後に heit/keit を加えて女性名詞を作れます。

krank	病気である	→ die Krankheit	病気
traurig	悲しい	→ die Traurigkeit	悲しさ

> 🛟 **ung や heit / keit で終わる語は女性名詞**

練習の前に！ 次の再帰動詞の意味を調べ、結びつく前置詞を調べてみよう。
sich anmelden   sich entschuldigen   sich erinnern   sich freuen

1 主語と同じ人や物を指す適切な形の代名詞を空欄に入れなさい。

1　Die Eingangstür schließt .... automatisch.
　　入り口の戸は自動的に閉まる。
2　Siggi und ihr Bruder kaufen .... Bücher.
　　ジギと弟（または兄）は本を買う。
3　Ich wollte .... zu Hause duschen.
　　私は自宅でシャワーを浴びるつもりでした。
4　Teresa hat .... wieder erkältet.　テレーザはまた風邪を引いた。

　　再帰代名詞の形になるのは主語が3人称の場合に限ります。

2 適切な前置詞を空欄に入れなさい。

1　Jörg will sich .... seiner Freundin treffen.
　　イェルクは友人（女性）と会おうとしている。
2　............... meine Freunde aus der Schulzeit erinnere ich mich nicht mehr.
　　学校時代の友人たちについてはもう思い出すことはない。
3　Haben Sie sich .... den Deutschkurs angemeldet?
　　ドイツ語講座の申込はしましたか？
4　Wir müssen uns .... die Verspätung entschuldigen.
　　私たちは遅刻をお詫びしなければなりません。
5　Wir freuen uns .... das nächste Konzert.
　　私たちは次のコンサートを楽しみにしています。

　　再帰代名詞と結びつく前置詞は意味からは判断できない場合が多いので注意しましょう。

3 点線が引かれた名詞の基となる単語を挙げなさい。

1　Mein Hobby ist Schwimmen.　私の趣味は水泳です。
2　Eine Übernachtung kostet in diesem Hotel 120 Euro.
　　このホテルでは一泊120ユーロかかります。
3　Das ist nicht gut für deine Gesundheit.　それは君の健康によくありません。
4　Nach dem Einkaufen gehen wir ins Konzert.
　　買い物の後でコンサートに行きます。

　　ひとつだけ形容詞からできた名詞が含まれています。

第45課 私は父に葉書を書くのを忘れた

不定詞句の作り方

不定詞句は不定詞と様々な単語を結びつけて作ります。
- 不定詞句には主語は含まれません。
- 不定詞句では動詞が末尾に置かれます。
- 不定詞の前に前置詞zuを置くと、**zu不定詞**になります。**zu不定詞句**は、zu不定詞が動詞になる不定詞句です。
- 動詞が分離動詞の場合、分離前綴りの後にzuを置きます。文字で書く場合、zuを含めて全体を一語として書きます。（einkaufen→einzukaufenなど）

zu不定詞句を伴う助動詞

多くの動詞はzu不定詞句を伴う助動詞として使うことができます。その際、zu不定詞句が核となるできごとになります。
- zu不定詞句は多くの場合、文の他の部分とコンマで区切られます。
- zu不定詞句の主語にあたる要素は対格や与格になることもあります。

核となるできごと	Er kauft ein.　彼は買い物をする。
助動詞を伴う表現	Er beginnt einzukaufen.　彼は買い物を始める。
核となるできごと	Ich schreibe eine Karte an meinen Vater. 私は父に葉書を書く。
助動詞を伴う表現	Ich habe vergessen, eine Karte an meinen Vater zu schreiben.　私は父に葉書を書くのを忘れた。
核となるできごと	Sie machte das Fenster auf.　彼女は窓を開けた。
助動詞を伴う表現	Ich bat sie, das Fenster aufzumachen. 私は彼女に窓を開けるよう頼んだ。

> 🛟 **zu不定詞句の主語にあたる要素は常に対格とは限らない**

練習の前に！ 次の動詞のzu不定詞を作ってみよう。
anfangen　　arbeiten　　beginnen　　schreiben

1 次の文をzu不定詞句に変えてカッコ内の助動詞と結びつけなさい。助動詞は問題文と同じ主語を持った現在形にすること。適宜コンマを補うこと。

1. Benno spielt Klavier.〔anfangen〕　ベンノはピアノを弾く。
2. Die Studenten sprechen sehr laut.〔beginnen〕　学生たちはひどい大声で話す。
3. Mein Sohn schreibt einen Brief auf Deutsch.〔probieren〕
   私の息子はドイツ語で手紙を書く。
4. Ich sehe Sie wieder.〔sich freuen〕　またあなたにお会いします。

　　　1番の**anfangen**「始める」は分離動詞です。3番の**probieren**「試す」、4番の**sich freuen**「楽しみにする」も助動詞として使うことができます。

2 次の文をzu不定詞句に変えてカッコ内の助動詞と結びつけなさい。助動詞は**ich**を主語とする現在完了形にすること。適宜コンマを補うこと。

1. Ich erkläre ihm den Weg zum Bahnhof.〔vergessen〕
   私は彼に駅までの道を説明する。
2. Du schreibst dein Geburtsjahr hierher.〔bitten〕　ここへ生年を書いてください。
3. Thomas übernachtet in diesem Hotel.〔empfehlen〕
   トーマスはこのホテルに泊まる。
4. Meine Tante kauft auf dem Markt ein.〔helfen〕　私の叔母は市場で買い物をする。

　　　3番、4番はzu不定詞の主語が与格になるので注意しましょう。

3 カッコ内の単語を並べ替えて空欄に入れ、文を作りなさい。適宜コンマを補うこと。

1. Morgen _____. 明日、私は早く起きる必要はない。
   〔ich / aufzustehen / nicht / früh / brauche〕
2. Frau _____. シェーファーさんは日本語の勉強を始めました。
   〔Japanisch / hat / lernen / angefangen / zu / Schäfer〕
3. Das _____. その少女は健康に戻ったように見える。
   〔wieder / scheint / sein / zu / Mädchen / gesund〕
4. Mein _____. 私の夫は明かりを消すのを忘れました。
   〔vergessen / das Licht / Mann / hat / auszumachen〕

　　　3番、4番は現在完了形を使う応用問題なので注意しましょう。

第46課 今週は君たちとテニスをする時間がないんだ

zu不定詞句の形容詞的用法
zu不定詞句は名詞の修飾に使うこともできます。
- zu不定詞句は通常、直前の要素を修飾します。
- zu不定詞句と名詞をコンマで区切ることが多くあります。
- zu不定詞句部分は通常、「〜すべき」「〜するための」という意味になります。
- zu不定詞句を動詞seinと結びつけて名詞の修飾に使うこともできます。その場合、zu不定詞句部分は通常、「〜されうる」「〜すべき」という意味になります。主語になるのはzu不定詞になる動詞の対格目的語にあたる要素です。

Wir haben keine Lust fernzusehen.　私たちはテレビを見たくはありません。
Hast du Zeit, mit mir ins Kino zu gehen?　私と一緒に映画館に行く時間ある？
Das Fenster ist gleich zuzumachen.　その窓はすぐに閉めないといけません。

zu不定詞句の副詞的用法
前置詞ohneまたはumを前に置くとzu不定詞句を動詞の修飾に使うことができます。前置詞の前にはコンマを置きます。

Agneta ist wieder nach Hause gegangen, ohne mich zu grüßen.
アグネータは私に挨拶なくまた家に帰ってしまった。
Bernd geht jetzt nach Landshut, um seiner kranken Mutter zu helfen.
ベルントは病気の母を助けるために今からランツフートに行く。

zu不定詞句の名詞的用法
zu不定詞句は文の主語としても使うことができます。
- zu不定詞句が単独で文の主語になる場合、動詞は3人称単数の形になります。
- 文頭に仮主語としてesを置き、zu不定詞句を文末に置くこともできます。
- zu不定詞句は文の他の部分とコンマで区切ることが多くあります。

Deutsch zu sprechen ist für meine Arbeit wichtig.
ドイツ語を話すことは私の仕事上重要なのです。
Es ist für meine Arbeit wichtig, Deutsch zu sprechen.
ドイツ語を話すことは私の仕事上重要なのです。

zu不定詞句には3つの用法がある

練習の前に！ 次の文から zu 不定詞句を作ってみよう。
Ich kaufe heute nach der Arbeit mit meiner Tochter im Kaufhaus ein.

1 カッコ内の単語を並べ替えて空欄に入れ、文を作りなさい。適宜コンマを補うこと。

1　Diese _____. 今週は君たちとテニスをする時間がないんだ。
　[habe / Zeit / Tennis / Woche / keine / ich / euch / spielen / mit / zu]

2　Hatte _____? ザラは昨日、何かすることがあったのですか？
　[tun / Sara / etwas / gestern / zu]

3　Sie _____. 彼女はこれ以上大学での勉強を続ける気はなかった。
　[Lust / weiter / keine / hatte / studieren / zu]

4　Dieses _____. この書式は鉛筆で記入してください。
　[auszufüllen / mit / ist / Formular / einem Bleistift]

2 副詞的用法の zu 不定詞句を使って次の文を組み合わせなさい。

1　Frau Wildner will nach Wien fahren. Aber sie will nicht mit dem Flugzeug fliegen.
　ヴィルトナーさんはウィーンに行くつもりだ。しかし彼女は飛行では行きたくない。
　(ohne を用いること) _____.

2　Herr Förster fliegt im Urlaub nach Deutschland. Er will seine alten Freunde wiedersehen.
　フェルスターさんは休暇でドイツに飛行機で行く。彼は昔からの友人に再会するつもりだ。
　(um を用いること) _____.

3　Wir treffen uns vor dem Supermarkt. Wir wollen dann dort einkaufen.
　私たちはスーパーマーケットの前で落ち合います。私たちはその後、そこで買い物をします。
　(um を用いること) _____.

　　　副詞的用法の zu 不定詞句にはコンマを伴います。

3 カッコ内の単語を並べ替えて空欄に入れ、文を作りなさい。適宜コンマを補うこと。

1　Zu _____. ワインを飲み過ぎるのは健康によくない。
　[Wein / gesund / nicht / viel / trinken / zu / ist]

2　Es _____. 朝は朝食を取るのが重要です。
　[frühstücken / wichtig / morgens / zu / ist]

3　Es _____. 空き部屋を確保するのは簡単ではなかった。
　[Zimmer / bekommen / war / leicht / ein / freies / nicht / zu]

第47課 ここでは夏にとてもよく雨が降る

es を主語とする文型

天候や感覚を表す表現には主語を es とするものが多くあります。以下に注意しましょう。

- 主語の es は「それ」と訳さないように注意しましょう。
- 動詞は3人称単数の形になります。

Es regnet hier im Sommer sehr oft.　ここでは夏にとてもよく雨が降る。
Es tut mir leid.　それはお気の毒です。

> 🛟 **es はいつも「それ」ではない**

金額の表現

ドイツとオーストリアの基本通貨単位はユーロ、スイスの基本通貨単位はスイスフランです。それぞれ補助通貨単位があり、1ユーロは100セント、1スイスフランは100サンチームです。金額を表す場合、以下に注意しましょう。

- 基本通貨単位の金額・基本通貨単位・補助通貨単位の金額の順で読みます。通常、補助通貨単位は読みません。
- 文字で書く場合、EU（ユーロ）、CHF（スイスフラン）といった略号が用いられます。数字の前後両方に書かれる場合があります。
- 文字で書く場合、基本単位と補助単位の間にコンマを置きます。

79 EUR	neunundsiebzig Euro	79ユーロ
82 CHF	zweiundachtzig（Schweizer）Franken	82スイスフラン
EUR 20	zwanzig Euro	20ユーロ
CHF 53	dreiundfünfzig（Schweizer）Franken	53スイスフラン
EUR 13,75	dreizehn Euro fünfundsiebzig	13.75ユーロ
CHF 106,50	einhundertsechs Franken fünfzig	106.50スイスフラン

練習の前に！ 次の数字の読み方を書いてみよう。
18　　120　　226　　1 580

1 点線が引かれた金額の読み方を綴りで書きなさい。

1　Die Fahrkarte kostet EUR 15.　　切符の値段は15ユーロです。
2　Das Buch kostet CHF 30.　　その本の値段は30スイスフランです。
3　Das Hemd kostet 49,80 EUR.　　そのシャツの値段は49.80ユーロです。
4　Die Jacke kostet 124,90 CHF.　　上着の値段は124.90スイスフランです。

通貨単位の位置に注意しましょう。

2 カッコ内の単語を並べ替えて空欄に入れ、文を作りなさい。金額の部分も読み方を綴りで書くこと。

1　Das _____ .　　全部合わせて24.80ユーロになります。
　　[EUR 24,80 / zusammen / macht]
2　Der _____ .　　大阪行きの航空運賃は1400ユーロです。
　　[1 400 EUR / Osaka / Flug / kostet / nach]
3　Die _____ .　　この住居の家賃は800ユーロです。
　　[800 EUR / Wohnung / Miete / ist / diese / für]
4　Die _____ .　　その切符の値段は9.50ユーロです。
　　[9,50 EUR / Fahrkarte / kostet]
5　Für _____ .
　　[12 000 CHF / bezahlt / Auto / ich / dieses / habe]
　　この自動車のために私は12000スイスフラン支払いました。

3 カッコ内の単語を並べ替えて空欄に入れ、文を作りなさい。

1　Es _____ . [nicht / gut / mir / geht]　　私は具合が悪いです。
2　_____ ? [Ihnen / geht / es / wie]　　ご機嫌いかがですか？
3　In _____ .　　ドイツでは冬によく雪が降る。
　　[Deutschland / oft / Winter / es / schneit / im]
4　Hat _____ ?　　味にご満足いただけましたか？
　　[geschmeckt / es / Ihnen]
5　Es _____ . [jetzt / Frühling / wird]　　今から春になる。
6　_____ ?　　この町は気に入られましたか？
　　[Stadt / Ihnen / dieser / gefällt / in / es / wie]

第48課 私の姉は私よりも背が高い

比較級

比較級を用いると、複数の人や物、できごとなどを比較できます。
- 辞書の見出し語の形は**原級**です。通常、その後にerを加えて比較級を作ります。比較級は原級よりも程度が高いことを表します。
- 形容詞を副詞として使う場合も同様に比較級を作ります。
- 末尾がel / en / erで終わる語は比較級を作る際、これらに含まれるeは多くの場合、省略されます。
- 比較級では特別な形になるものや母音が変音するものがあります。
- 形容詞として使う場合、必要に応じて語尾変化をします。
- 比較の対象の前には前置詞alsを置きます。alsを含む句は文末に置きます。

原級	schnell 速い	teuer 値段が高い	groß 大きい
比較級	schneller	teurer	größer
原級	hoch 高い	gut 良い	gern 好んで
比較級	höher	besser	lieber

比較級は規則的に作られる場合と不規則に作られる場合があります

Meine Schwester ist größer als ich.	私の姉（または妹）は私よりも背が高い。
Ich kaufe die billigere Jacke.	私は値段が安い方の上着を買います。
Erika trinkt lieber Tee als Kaffee.	エーリカはコーヒーよりも紅茶が好きだ。

比較級の注意すべき用法

比較級にはいくつか注意すべき用法があります。
- 違いが大きいことを表す場合、比較級の前にvielを置きます。
- 違いが小さいことを表す場合、比較級の前にetwasを置きます。
- 原級の前にwenigerを置くと、原級よりも程度が低いことを表します。

Sabine ist viel jünger als ihr Mann.	ザビーネは夫よりずっと若い。
Alois steht heute früher auf als gestern.	アロイスは今日、昨日より早く起きる。
Der Verkäufer ist weniger freundlich als sein Chef.	店員は店長より不親切だ。

練習の前に！ 次の形容詞・副詞を比較級にしてみよう。
dünn   klein   spät   warm

1 カッコ内の単語を並べ替えて空欄に入れ、文を作りなさい。形容詞・副詞は比較級にすること。

1 Berlin ＿＿＿＿＿＿＿＿＿＿＿＿＿＿＿＿＿. ベルリンはマクデブルクよりずっと大きい。
   [Magdeburg / ist / viel / als / groß]

2 Mit ＿＿＿＿＿＿＿＿＿＿＿＿＿＿＿＿＿＿＿＿＿＿＿＿＿＿＿＿＿．
   [mit dem Auto / nach Berlin / viel / dem Zug / kommen / als / Sie / schnell]
   列車を使えば自動車を使うよりずっと早くベルリンに行けますよ。

3 Teresa ＿＿＿＿＿＿＿＿＿＿＿＿＿＿＿＿＿. テレーザは私より少しピアノが上手だ。
   [Klavier / ich / etwas / spielt / als / gut]

4 Ich ＿＿＿＿＿＿＿＿＿＿＿＿＿＿＿＿＿. 私はその映画の方がその本より面白いと思う。
   [als den Film / das / wenig / finde / interessant / Buch]

   1番のgroß「大きい」、3番のgut「よく」は特別な形になります。

2 カッコ内の形容詞を比較級にして空欄に入れなさい。

1 Haben Sie einen ＿＿＿＿＿ Anzug? [klein]　もっと小さいスーツはありますか？
2 Es gibt keine ＿＿＿＿＿ Arbeit als diese. [einfach]　これよりも簡単な仕事はない。
3 Jetzt ist es ＿＿＿＿＿ geworden. [warm]　今は（前より）暖かくなりました。
4 Dein Buch ist ＿＿＿＿＿ als mein Buch. [dünn]　君の本はぼくの本より薄いね。

   warm「暖かい」は比較級では母音が変音します。

3 カッコ内の副詞を比較級にして空欄に入れなさい。

1 Heute muss ich ＿＿＿＿＿ arbeiten. [lang]
   今日、私は（いつもより）長く仕事をしないといけない。
2 Es geht ihm heute ＿＿＿＿＿ als gestern. [schlecht]
   彼は昨日より今日の方が具合が悪い。
3 Meine Frau steht ＿＿＿＿＿ auf als ich. [spät]　私の妻は私よりも遅く起きる。
4 Die Studenten essen ＿＿＿＿＿ in der Mensa als im Restaurant. [oft]
   大学生たちはレストランよりも学生食堂で食べる方が多い。
5 Renate kauft ＿＿＿＿＿ im Kaufhaus ein als auf dem Markt. [gern]
   レナーテは市場よりもデパートで買い物するのが好きだ。

   1番のlang「長い」、4番のoft「しばしば」の比較級では母音が変音します。
   5番のgern「好んで」は比較級が特別な形になります。

第49課 これが世界最速の列車です

最上級基本形の作り方

最上級を用いると、あるグループの中で最も際立っていることを表現できます。

- 通常、原級の後にstを加えて**最上級基本形**を作ります。
- 原級の末尾が〔d〕〔s〕〔sch〕〔z〕の音を含む場合や原級が長母音で終わる場合、原級の後にestを加えて最上級基本形を作ります。
- 最上級では特別な形になるものや母音が変音するものがあります。
- 形容詞として名詞の前に置く場合、通常は定冠詞が伴い、必要に応じて語尾変化をします。
- 比較の範囲を表す時は、in「〜の中で」、unter「〜の間で」、von「〜のうちで」を含む前置詞句などが使われます。

原級	schnell 速い	groß 大きい	hoch 高い
比較級	schneller	größer	höher
最上級基本形	schnellst	größt	höchst
原級	gut 良い	viel 多い	gern 好んで
比較級	besser	mehr	lieber
最上級基本形	best	meist	liebst

> 🛟 **最上級は規則的に作られる場合と不規則に作られる場合がある**

Das ist der schnellste Zug in der Welt.　これが世界最速の列車です。
Klaus ist der größte Junge in der Schule.
クラウスは学校で一番背が高い男の子です。

最上級 am 〜 sten 形

名詞の前に置く場合以外、最上級は **am 〜 sten** 形で用います。
- 動詞seinと組み合わせて名詞修飾に使う場合は am 〜 sten 形を使います。
- 副詞の最上級、形容詞を副詞として使う場合の最上級は常に am 〜 sten 形です。

Dieser Zug fährt am schnellsten in der Welt.　この列車は世界最速で走る。
Klaus ist am größten in der Schule.　クラウスは学校で一番背が高い。
Ich trinke am liebsten Kaffee.　私はコーヒーが一番好きです。

練習の前に！ 次の形容詞の比較級と最上級基本形を作ってみよう。
dunkel　　lang　　schwer　　teuer

1 カッコ内の形容詞を最上級にして空欄に入れなさい。

1　Der .... Sport in Deutschland ist der Fußball.〔wichtig〕
　ドイツで最も重要なスポーツはサッカーだ。

2　Die Zugspitze ist der .... Berg in Deutschland.〔hoch〕
　ツークシュピッツェはドイツで最も高い山だ。

3　Ich habe den .... Wein im Restaurant bestellt.〔teuer〕
　私はレストランで最も高価なワインを注文した。

4　Mein .... Freund kam leider nicht zur Party.〔gut〕
　私の一番の親友は残念ながらパーティーには来なかった。

2番のhoch「高い」、4番のgut「良い」の比較級・最上級は特別な形になります。

2 カッコ内の副詞を最上級にして空欄に入れなさい。

1　Unter den Gästen ist Herr Bachmeier .... gekommen.〔früh〕
　客の間ではバッハマイヤーさんが最も早く来た。

2　Susanne liest .... Bücher von uns.〔viel〕
　私たちの間ではズザンネが最もたくさんの本を読む。

3　Welches Foto gefällt Ihnen .... in dieser Ausstellung?〔gut〕
　この展覧会でどの写真が一番お気に召しましたか？

4　Ich trinke .... Kaffee mit Sahne.〔gern〕
　私はクリームコーヒーが一番好きです。

副詞の最上級は常に am ～ sten 形です。

3 カッコ内の単語を並べ替えて空欄に入れ、文を作りなさい。形容詞・副詞は最上級にすること。

1　Wir ....
　〔fanden / das Spielzeugmuseum / unter / schön / allen Museen〕
　私たちはすべての博物館の中でおもちゃ博物館が一番すばらしいと思いました。

2　Mein ....
　〔hat / Japanisch / lang / von / gelernt / Bruder / uns allen〕
　私たちの間では私の兄（または弟）が最も長く日本語を勉強している。

最上級では母音の変音があったり特別な形になるものがあることに気をつけましょう。

第50課 私は学生時代、たくさん読書した

従属節

2つの文を組み合わせて1つの文を作る場合、一方は主節、もう一方は従属節になります。以下に注意しましょう。
- 従属節の先頭には従属接続詞を置き、主節とはコンマで区切ります。
- 従属節の定動詞は従属節の末尾に置かれます。定動詞が分離動詞で、文字で書く場合、分離動詞は全体を一語として書きます。
- 主節の定動詞は通常の文の場合と同じ位置に置きます。従属節が主節の前に置かれる場合、従属節は文の1番目の要素になります。

> 従属節の定動詞は従属節の末尾に

副詞的従属節

主節を副詞的に修飾する従属節には以下のような従属接続詞を用います。
【副詞的従属接続詞】als ～した時に　　bevor ～の前に　　nachdem ～の後で
　　　　　　　　　weil ～なので　　wenn ～ならば／～の時に

Ich las viele Bücher, als ich Student war.　私は学生時代、たくさん読書した。
Weil er krank war, ist er am Wochenende zu Hause geblieben.
彼は病気だったので週末は家にいた。

名詞的従属節

従属接続詞dass「～ということ」、ob「～かどうか」は主節の主語や目的語の代わりとなる従属節で使います。obで始まる従属節は決定疑問文に相当する内容を持ちます。

Meine Mutter denkt, dass wir heute ins Kino gehen.
母は私たちが今日、映画に行くと考えている。
Weißt du, ob Sabine diese Woche ihren Laden zumacht?
ザビーネが今週、店を閉めるか知ってる？

間接疑問文

疑問詞も従属接続詞として使うことができます。こうして作った従属節は補足疑問文に相当する内容を持ち、それを含む文は**間接疑問文**と呼ばれます。

Ich weiß nicht, wann der Bus kommt.　バスがいつ来るかは知りません。
Ich frage, was du essen möchtest.　君は何を食べたいんだい？

練習の前に！ 次の文のどの部分が主節で、どの部分が従属節か考えてみよう。
Ich kann heute nicht zur Arbeit gehen, weil ich Kopfschmerzen habe.

1 カッコ内の文を書き換えて空欄に入れ、文を作りなさい。

1 Die Mädchen wollen am Wochenende einen Ausflug machen, ...
.... [wenn / ist / das / gut / Wetter]
天気がよければ、少女たちは週末にハイキングをするつもりだ。

2 Paul war etwas müde, ...
[als / traf / ich / ihn / im / Büro]
私がパウルにオフィスで会ったとき、彼は少し疲れていた。

3 Herr Jäger wollte nur einen Salat essen, ...
[weil / hatte / Hunger / er / großen / keinen]
イェーガーさんはあまり空腹でなかったので、サラダしか食べようとしなかった。

4 .... , will sie diese Woche in der
Bibliothek lernen. [weil / hat / Woche / Anna / Prüfung / eine / nächste]
アンナは来週試験があるので、今週は図書館で勉強するつもりだ。

5 .... , ist unglaublich.
[dass / so schnell / wurde / mein Großvater / wieder gesund]
私の祖父がこんなに早く健康を回復したなんて信じられない。

6 Ich glaube, ...
[dass / wohnt / dieser Straße / nicht mehr / unser Lehrer / in]
私たちの先生はこの通りにはもう住んでいないと思います。

従属節の定動詞は文末に置きます。

2 カッコ内の疑問文を書き換えて空欄に入れ、文を作りなさい。

1 Ich weiß nicht, ... [Wo ist der Kiosk?]
売店がどこにあるか私はわかりません。

2 Sagen Sie mir bitte, ... !
[Wie komme ich zum Bahnhof?]
駅にはどのように行ったらいいかどうぞ教えてください！

3 Kannst du bitte hierher schreiben, ... ?
[Wie heißt die Stadt?]
その街が何と言う名前か、ここに書いてもらえないかい？

間接疑問文では疑問詞が従属接続詞として働きます。

会話に使える単語を覚えよう！(4) 〜食べ物・飲み物〜

1 食べ物・飲み物を手に入れる場とそれに関わる語彙

das Restaurant	レストラン	das Lokal	レストラン
das Café	喫茶店	die Mensa	学生食堂
das Zugrestaurant	車内食堂	der Biergarten	ビアガーデン
die Bäckerei	パン店	der Laden	商店
der Markt	市場	der Supermarkt	スーパーマーケット
der Imbiss	軽食屋台	der Kiosk	売店
die Kneipe	居酒屋	die Bar	バー
der Kellner	ウェイター	die Kellnerin	ウェイトレス
die Speisekarte	メニュー	der Tisch	テーブル
das Menü	コース料理	das Buffet	バイキング形式
bestellen	注文する	zahlen	支払う
reservieren	予約する		

2 食べ物

das Frühstück	朝食	das Mittagessen	昼食
das Abendessen	夕食		
der Imbiss	軽食	die Lebensmittel	食料品
das Brot	パン	das Brötchen	ブレートヒェン
die Brezel	ブレッツェル	der Berliner	ジャム入り揚げパン
das Roggenbrot	ライ麦パン	das Ei	卵
das Fleisch	肉	der Schinken	ハム
das Hähnchen	チキン	das Rindfleisch	牛肉
das Schweinfleisch	豚肉	die Wurst	ソーセージ
die Bratwurst	焼きソーセージ	die Currywurst	カレーソーセージ
die Pommes frites	フライドポテト	die Bratkartoffel	ジャーマンポテト
der Fisch	魚	die Garnele	エビ
der Lachs	サーモン		
das Gemüse	野菜	die Kartoffel	じゃがいも
die Tomate	トマト	die Gurke	キュウリ
der Spargel	アスパラガス	die Erbsen	エンドウ豆
das Obst	果物	der Apfel	リンゴ
die Banane	バナナ	die Erdbeere	イチゴ
der Pfirsich	モモ	die Kirsche	サクランボ

die Ananas	パイナップル	die Melone	メロン
die Traube	ブドウ	die Zitrone	レモン
die Haselnuss	ヘーゼルナッツ		
das Eis	アイス	der Kuchen	ケーキ
das Lieblingsessen	好物	die Frikadelle	ドイツ風ハンバーグ
der Salat	サラダ	das Spiegelei	目玉焼き
das Sauerkraut	ザウアークラウト	der Schweinbraten	ローストポーク
der Honig	蜂蜜	die Marmelade	ジャム
der Käse	チーズ		

3　飲み物

das Bier	ビール	das Fassbier	樽ビール
der Wein	ワイン	das Cola	コーラ
der Kaffee	コーヒー	die Sahne	クリーム
der Tee	茶	der Saft	ジュース
die Milch	牛乳	die Schokolade	ココア
das Wasser	水		
das Sprudelwasser	炭酸入りミネラルウォーター		
die Apfelschorle	炭酸リンゴドリンク		
alkoholfrei	ノンアルコールの		

4　食器

das Glas	グラス	die Tasse	カップ
die Flasche	瓶	der Teller	皿
die Weinflasche	ワインボトル	das Weinglas	ワイングラス
das Messer	ナイフ	die Gabel	フォーク
der Löffel	スプーン	die Serviette	ナプキン
das Tablett	トレー		

第51課 これが私が今日買った本です

関係代名詞を使うと共通する名詞を含む2つの文を結びつけて1つの文にすることができます。以下に注意しましょう。
- 共通する名詞を一方の文で関係代名詞により置き換えます。関係代名詞がある節は従属節です。
- 関係代名詞節は通常、関係代名詞が指す主文内の名詞（**先行詞**）の直後に置きます。

主格・対格・与格の関係代名詞

関係代名詞は、置き換える名詞が元の文で持っていた格に応じて選択します。
- 主格・対格の関係代名詞は定冠詞と同じ形です。
- 対格・与格の関係代名詞は基本的に定冠詞と同じ形ですが、複数与格は例外的に形が異なります。
- 前置詞に伴う対格・与格名詞を関係代名詞で置き換える場合、前置詞は関係代名詞の前に置きます。

	男性	女性	中性	複数
主格	der	die	das	die
対格	den	die	das	die
与格	dem	der	dem	denen

関係代名詞の形は基本的に定冠詞と同じ

Ich kaufe eine Zeitung.　私は新聞を買う。
+ Die Zeitung heißt „Morgenpost".　その新聞の名は「モルゲンポスト」だ。
　→ Ich kaufe eine Zeitung, die „Morgenpost" heißt.
　　私は「モルゲンポスト」という新聞を買います。

Das ist das Buch.　これがその本です。
+ Ich habe das Buch heute gekauft.　私はその本を今日買った。
　→ Das ist das Buch, das ich heute gekauft habe.　これが私が今日買った本です。

Das ist die Firma.　これがその会社です。
+ Ich arbeite in der Firma.　私はその会社で働いています。
　→ Das ist die Firma, in der ich arbeite.　これが私が働いている会社です。

練習の前に！ 別の文にする場合、共通する名詞を考えてみよう。
Dort wohnt der Arzt, mit dem zusammen ich schon lange Tennis spiele.

1 カッコ内の文を関係代名詞節に書き換えて空欄に入れなさい。

1 Dort steht das Flugzeug, ＿＿＿＿＿＿＿＿＿＿＿＿＿＿＿＿＿＿＿＿＿＿＿＿ .
　［Das Flugzeug fliegt nach München.］
　あそこにミュンヘン行きの飛行機がある。

2 Gibt es hier einen Supermarkt, ＿＿＿＿＿＿＿＿＿＿＿＿＿＿＿＿＿＿＿ ?
　［Ist der Supermarkt auch am Sonntag auf?］
　ここには日曜日にも開いているスーパーマーケットはありますか？

3 Das Haus, ＿＿＿＿＿＿＿＿＿＿＿＿＿＿＿＿＿＿＿＿＿ , gehört uns.
　［Das Haus steht neben der Bank.］
　銀行の隣の家は私たちのものです。

4 Ich kann mich an den Mann, ＿＿＿＿＿＿＿＿＿＿＿＿＿＿＿＿ , erinnern.
　［Der Mann trinkt dort Bier.］
　私はあそこでビールを飲んでいる男性のことは思い出せない。

5 Das Buch, ＿＿＿＿＿＿＿＿＿＿＿＿＿＿＿＿＿＿ , war nicht interessant.
　［Das Buch kostete 120 EUR.］
　その120ユーロした本は面白くなかった。

関係代名詞節は従属節なので定動詞を文末に置きます。

2 カッコ内の文を関係代名詞節に書き換えて空欄に入れなさい。

1 Wir sehen heute einen Film, ＿＿＿＿＿＿＿＿＿＿＿＿＿＿＿＿＿＿ .
　［Unsere Kinder haben den Film gemacht.］
　私たちは今日、子供たちが作った映画を見ます。

2 Ich bin mit meinem Auto, ＿＿＿＿＿＿＿＿＿＿＿＿＿＿＿＿＿ , zufrieden.
　［Ich habe letztes Jahr das Auto gekauft.］
　私は昨年買った自動車に満足しています。

3 Wo ist der Mann, ＿＿＿＿＿＿＿＿＿＿＿＿＿＿＿＿＿＿＿＿＿＿ ?
　［Du hast dem Mann mein Foto gezeigt.］
　君が僕の写真を見せた相手の男性はどこだい？

4 Das ist die Zeitschrift, ＿＿＿＿＿＿＿＿＿＿＿＿＿＿＿＿＿＿＿＿ .
　［Herr Entenhausen arbeitet für die Zeitschrift.］
　これがエンテンハウゼンさんが働いている雑誌です。

4番では関係代名詞と前置詞の順序に気をつけましょう。

第52課 ブリギッテは夫と同じくらいテニスが上手です

属格の関係代名詞

関係代名詞には属格の形もあります。
- 属格の関係代名詞により属格名詞や所有冠詞を置き換えます。
- 属格の関係代名詞は元の文で属格名詞や所有冠詞が修飾していた名詞の前に置きます。

	男性	女性	中性	複数
属格	dessen	deren	dessen	deren

> 属格の関係代名詞は定冠詞とは形が異なる

組み合わせる文：
 Ich kenne eine Studentin. 私はある大学生（女性）を知っています。
 + Ihr Vater arbeitet im Rathaus. 彼女の父は市役所で働いています。
関係代名詞を用いた文：
 Ich kenne eine Studentin, deren Vater im Rathaus arbeitet.
 私は父が市役所で働いている大学生（女性）を知っています。

先行する要素を説明する従属節

従属節は、先行する名詞や代名詞es、da(r)+前置詞形の内容を詳しく説明するために使うことがあります。

 Philipp hat uns die Nachricht geschickt, dass er morgen zu uns kommt.
 フィリップは明日私たちのところへ来るという知らせをよこした。
 Es ist möglich, dass der Zug schon abgefahren ist.
 その列車がもう出発してしまったことはありうる。
 Wir freuen uns darauf, dass wir wieder an die Nordsee fahren können.
 私たちはまた北海に行けるのが楽しみです。

語と語を結ぶ相関接続詞

特定の単語と呼応して現れる接続詞は**相関接続詞**と呼ばれます。以下のものは単語と単語を結びつけるためによく使われます。

 sowohl ... als auch ...「～も～も」、weder ... noch ...「～でも～でもない」
 Frau Koch unterrichtet sowohl Deutsch als auch Französisch.
 コッホさんはドイツ語とフランス語を教えています。
 Es ist weder kalt noch heiß. 寒くも暑くもない。

練習の前に！ 別の文にする場合、共通する名詞を考えてみよう。
Das ist der Nachbar, dessen Eltern in Japan leben.

1 カッコ内の文を関係代名詞節に書き換えて空欄に入れなさい。

1 Der Student, _____, beginnt bei uns zu arbeiten.
　[Seine Familie wohnt hier im 3. Stock.]
　家族がここの3階に住んでいる大学生は私たちのところで働き始めた。

2 Hier arbeitet eine Ärztin, _____. [Wir kennen ihren Vater.]
　私たちが父を知っている医師（女性）がここで働いている。

3 Peter hat ein Auto gekauft, _____.
　[Das Fenster des Autos war kaputt.]
　ペーターは窓が壊れている自動車を買った。

　　属格の関係代名詞は名詞の前に置きましょう。

2 カッコ内の単語を並べ替えて空欄に入れ、文を作りなさい。

1 Wir haben die Information, _____.
　[der Abflug / wird / spät / dass / sehr]
　飛行機の出発が遅れるという情報があります。

2 Moritz hat sich dafür entschuldigt, _____.
　[er / gekommen / zu / dass / spät / ist]
　モーリッツは遅刻したことを謝った。

3 Wir freuen uns darüber, _____.
　[Gäste / gekommen / gestern / viele / dass / so / sind]
　昨日はあんなにたくさんのお客さんがきてくれて私たちはうれしいです。

4 Es ist 20 Jahre her, dass _____.
　[Deutschland / zum ersten Mal / ich / in / war]
　私が初めてドイツに行ったのは20年前のことです。

5 Frau Schober _____.
　[als auch im / in / arbeitet / Kindergarten / Schule / der / sowohl]
　ショーバーさんは学校と幼稚園で働いています。

6 Meine _____. [isst / Fleisch / noch Fisch / weder / Mutter]
　私の母は肉も魚も食べません。

　　5番と6番は相関接続詞を使った文になります。

第53課 私たちが楽しみにしているのはクリスマスです

不定関係代名詞

不定関係代名詞は不特定の人や物を表す関係代名詞です。
- werは不特定の人、wasは不特定の物を表します。
- 通常、不定関係代名詞節は主節より先に置き、不定関係代名詞の先行詞は省略します。
- 前置詞が必要な場合、wo(r)+前置詞形を用います。
- was は alles「すべてのもの」、nichts「何も～ない」、etwas「何か」を先行詞とする関係代名詞として使うことがあります。

	不特定の人	不特定の物
主格	wer	was
対格	wen	was

> 🛟 主格・対格以外の形はあまり使われない

Wer zu viel Bier trinkt, bekommt einen dicken Bauch.
ビールを飲み過ぎる人は太ります。

Was ich von unserem Lehrer gehört habe, war richtig.
私たちが先生から聞いたことは正しかった。

Worauf wir uns freuen, ist Weihnachten.
私たちが楽しみにしているのはクリスマスです。

Heinz hat alles, was er für die Geburtstagsparty braucht, schon gekauft.
ハインツは誕生パーティーに必要なものはもうすべて買いました。

文と文を結ぶ相関接続詞

相関接続詞の中には文と文を結びつけることが多いものもあります。

nicht ... sondern ...「～でなく」

Ich arbeite heute nicht, sondern ich mache einen Ausflug.
私は今日は仕事せず、ハイキングに行きます。

zwar ... aber ...「～だが～」

Unser Zug hatte zwar zuerst Verspätung, aber wir sind zum Schluss pünktlich in Berlin angekommen.
私たちの列車は始めは遅れていたが、最終的にベルリンに時間通りに到着した。

練習の前に！ 次の動詞の意味を調べ、過去基本形と過去分詞を作ってみよう。
bleiben　　erzählen　　gehen　　sagen

1 カッコ内の単語を並べ替えて空欄に入れ、文を作りなさい。

1　.., bekommt ein kleines Geschenk.
　［heute / einkauft / bei / wer / uns］
　本日当店でお買い物いただいた方にはささやかな記念品があります。

2　.., war interessant.
　［erzählt / Andrea / Reise / Japan / von / was / ihrer / nach / hat］
　アンドレアが日本への旅行について話したことは面白かった。

3　.., finde ich unmöglich.
　［steht / in / Zeitschrift / was / dieser］
　私はこの雑誌に載っていることはありえないと思う。

4　.., ist, ob Frau Schröder morgen pünktlich kommt.
　［interessiert / wofür / sich / der Chef］
　上司が関心を持っているのは、明日シュレーダーさんが時間通りに来るかどうかだ。

5　.., ist eine kurze Antwort. ［warten / wir / worauf］
　私たちが待っているのは手短な回答なのです。

6　Hat Herr Jansen etwas gesagt, ...?
　［ist / Arbeit / wichtig / für / was / unsere］
　ヤンゼンさんは私たちの仕事にとって大事なことを言いましたか？

2 カッコ内の単語を並べ替えて空欄に入れ、文を作りなさい。

1　Erika ging ....
　［blieb / Universität / nicht / sondern / Hause / heute / zu / sie / zur］
　エーリカは今日は大学に行かず、家に留まりました。

2　Jetzt ...., sondern Durst.
　［Hunger / ich / keinen / habe］
　今、私は空腹なのでなく喉が渇いているのです。

3　Herr Gärtner ....
　［ist / ist / 80 Jahre / aber / zwar / gesund / alt / er / sehr］
　ゲルトナーさんは80歳ですが、とても健康です。

　　1番、3番はコンマを補いましょう。

第54課 図書館での喫煙は禁止されています

能動態と受動態

これまでに取り上げた文は**能動態**です。**受動態文**では能動態文の目的語が主語になります。能動態文の主語にあたる人や物は前置詞von / durchを使って表します。ただし、省略される場合がほとんどです。

動作受動形

動作受動形は最も一般的な受動態の形です。
- 動作受動形は**動作受動助動詞**werdenと過去分詞を組み合わせて作ります。
- 動作受動助動詞werdenを定動詞として使う場合、通常の定動詞の位置に置きます。組み合わせる過去分詞は文末に置きます。
- 動作受動形の主語になるのは能動態文の対格目的語にあたる要素です。
- 動作受動形の完了形を作る場合、完了助動詞seinを使います。動作受動助動詞werdenの過去分詞はwordenで、通常の動詞werdenとは異なります。

現在形： Der Kiosk wird geöffnet.　その売店は開かれる。
　　　　　　←Die Verkäuferin öffnet den Kiosk.　店員が売店を開ける。
過去形： Dieses Museum wurde von der Stadt geschlossen.
　　　　　その博物館は市によって閉鎖された。
　　　　　　←Die Stadt schloss dieses Museum.　市はその博物館を閉鎖した。
現在完了形：Meine Frau und ich sind von Herrn Lange eingeladen worden.
　　　　　私の妻と私はランゲさんに招待された。
　　　　　　←Herr Lange hat meine Frau und mich eingeladen.
　　　　　　　ランゲさんは私の妻と私を招待した。

状態受動形

状態受動形は過去のできごとの影響を表す受動態の形です。
- 状態受動形は状態受動助動詞seinと過去分詞を組み合わせて作ります。その他の注意点は動作受動形と同じです。
- 状態受動形の完了形を作る場合、完了助動詞seinを使います。状態受動助動詞seinの過去分詞はgewesenで、通常の動詞seinと同じです。

> 動作受動形はwerden＋過去分詞
> 状態受動態はsein＋過去分詞

Der Ausgang ist zugemacht.　出口は閉められています。
　←Sie haben den Ausgang zugemacht.　彼らは出口を閉めました。

練習の前に！ 次の動詞の意味を調べ、過去基本形と過去分詞を作ってみよう。
machen　schließen　suchen　verbieten

1 次の受動態文を能動態文に書き換えて空欄を補いなさい。

1　Dieses Auto wird von der Polizei gesucht.　この自動車は警察によって捜されている。
　→ Die ＿＿＿＿＿＿＿＿＿＿＿＿＿＿＿＿＿＿＿＿＿＿＿＿＿＿＿＿＿＿＿＿＿ .
2　Das Foto wird von Rudi gemacht.　写真はルディによって撮られます。
　→ Rudi ＿＿＿＿＿＿＿＿＿＿＿＿＿＿＿＿＿＿＿＿＿＿＿＿＿＿＿＿＿＿＿＿ .
3　Dieses Bild wurde mir von meinen Eltern geschenkt.
　この絵は私の両親から私に贈られたものです。
　　→ Meine ＿＿＿＿＿＿＿＿＿＿＿＿＿＿＿＿＿＿＿＿＿＿＿＿＿＿＿＿＿＿ .

> **von**の後の名詞・代名詞は常に与格です。これを能動文の主語にするときは主格にすることを忘れずに。

2 次の能動態文を動作受動形を使った受動態文に書き換えて空欄を補いなさい。能動態文の主語にあたる要素は省略すること。

1　Man spricht oft in diesem Büro Deutsch.　このオフィスではしばしばドイツ語を話す。
　→ In diesem Büro ＿＿＿＿＿＿＿＿＿＿＿＿＿＿＿＿＿＿＿＿＿＿＿＿＿＿ .
2　Man verkauft dort am Kiosk Zeitungen.　あそこの売店で新聞を売っている。
　→ Dort am Kiosk ＿＿＿＿＿＿＿＿＿＿＿＿＿＿＿＿＿＿＿＿＿＿＿＿＿＿ .
3　Viele Menschen essen im Sommer gern Eis.
　多くの人々は夏にアイスを食べるのが好きです。
　　→ Im Sommer ＿＿＿＿＿＿＿＿＿＿＿＿＿＿＿＿＿＿＿＿＿＿＿＿＿＿ .

> **man**や**viele Menschen**が主語になる能動態文を受動態文に書き換えるとき、それらは省略されるのがふつうです。

3 カッコ内の単語を並べ替えて空欄に入れ、文を作りなさい。

1　Das ＿＿＿＿＿＿＿＿＿＿＿＿＿＿＿＿＿ .　図書館での喫煙は禁止されています。
　［verboten / Bibliothek / der / ist / in / Rauchen］
2　Die ＿＿＿＿＿＿＿＿＿＿＿＿＿＿＿＿＿＿＿＿ .　展覧会は月曜日は休みです。
　［geschlossen / am / ist / Ausstellung / Montag］
3　Dieser ＿＿＿＿＿＿＿＿＿＿＿＿＿＿＿＿ .　残念ですがこのテーブルは予約席です。
　［reserviert / leider / Tisch / ist］

> 1番の**verboten**は**verbieten**「禁じる」、2番の**geschlossen**は**schließen**「閉める」、3番の**reserviert**は**reservieren**「予約する」の過去分詞です。

第55課 私はこのラジオを姉からプレゼントされました

動作受動・状態受動の区別

動作受動形と状態受動形の使い分けについては以下に注意しましょう。
- 動作受動形は通常、進行中のできごとを表します。そのため現在形で使うと現在進行中のできごとを表現できます。
- 状態態受動は通常、過去のできごとの影響を表します。そのため現在形で使うとすでに終わったできごとが現在に残した結果を表現できます。
- 動作受動は自動詞を使って作ることもできます。

🛟 自動詞も受動形を作ることができる

Die Tür wird geöffnet. 　ドアが開かれる。
Die Tür ist geöffnet. 　ドアは開かれている。
Heute wird die ganze Nacht getanzt. 　今日は一晩中ダンスになる。

bekommen受動形

bekommen受動形を含む文は能動態文の与格目的語にあたる要素が主語になります。
- bekommen受動形は受動助動詞bekommenと過去分詞を組み合わせて作ります。受動助動詞bekommenを定動詞として使う場合、通常の定動詞の位置に置きます。組み合わせる過去分詞は文末に置きます。
- 現在完了形を作る場合、完了助動詞habenを使います。受動助動詞bekommenの過去分詞はbekommenで、通常の動詞bekommenと同じです。

Ich habe dieses Radio von meiner Schwester geschenkt bekommen.
　私はこのラジオを姉（または妹）からプレゼントされました。

← Meine Schwester hat mir dieses Radio geschenkt.
　私の姉（または妹）は私にこのラジオをプレゼントしました。

🛟 bekommenでも受動文を作ることができる

練習の前に！　次の動詞の意味を調べ、過去基本形と過去分詞を作ってみよう。
backen　　bezahlen　　unterrichten　　unterschreiben

1 点線が引かれたもののうち、適切な助動詞を選びなさい。

1　Das Fenster wird / ist schon lange geöffnet.　　その窓はもうずっと開けられている。
2　In unserer Schule wird / ist jetzt Deutsch unterrichtet.
　　私たちの学校では今ではドイツ語が教えられています。
3　Sein Laden wird / ist seit Montag wegen Krankheit geschlossen.
　　彼の店は病気のために月曜日から閉まっています。
4　In Restaurants wurde / war früher immer geraucht.
　　以前はレストランではいつも煙草が吸われていました。

　　　　動作受動と状態受動の区別は表現される内容が進行中かどうかに従います。

2 次の受動文を能動態文に書き換えて空欄を補いなさい。能動態文の主語はmanにすること。過去のできごとを表す文の動詞は現在完了形にすること。

1　Der Brief ist unterschrieben.　　その手紙にはサインがされている。
　　→ Man　　　　　　　　　　　　　　　　　　　　　　　　　　　　　　　.
2　Die Weinflasche ist geöffnet.　　そのワインの瓶は開いている。
　　→ Man　　　　　　　　　　　　　　　　　　　　　　　　　　　　　　　.
3　Das Auto ist repariert.　　その自動車は修理がされている。
　　→ Man　　　　　　　　　　　　　　　　　　　　　　　　　　　　　　　.

　　　　manが主語になる能動態文を受動態文に書き換えるときはそれに対応する表現は普通、省略されます。

3 次の能動態文をbekommen受動を使った受動態文に書き換えて空欄を補いなさい。能動態文の主語にあたる要素は省略すること。

1　Ich schenke meiner Mutter zum Geburtstag Blumen.
　　私は母の誕生日に花を贈ります。
　　→ Meine Mutter　　　　　　　　　　　　　　　　　　　　　　　　　　　.
2　Mario hat mir diese Postkarte aus der Schweiz geschickt.
　　マリオは私にこの葉書をスイスから送った。
　　→ Ich　　　　　　　　　　　　　　　　　　　　　　　　　　　　　　　.

　　　　bekommenを使った受動表現は話し言葉でよく使います。

第56課 コーヒーを一杯いただきたいのですが

接続法Ⅱ式

接続法Ⅱ式は現在の非現実のできごとを表します。
- 副詞gernを共に使って、要望を婉曲に表現できます。
- 接続法Ⅱ式は話し手の疑いの気持ちを表すこともあります。
- 過去形の変化パターンに準じて形が変化します。不規則変化動詞の接続法Ⅱ式は過去基本形の直後に必ずeを加えます。また、原則として母音が変音します。ただし、sollenとwollenは変音しません。

	不定詞	machen する	haben 持つ	sein 〜である	werden 〜になる	können 〜できる
単数	1人称	machte	hätte	wäre	würde	könnte
	2人称・親称	machtest	hättest	wärest	würdest	könntest
	2人称・敬称	machten	hätten	wären	würden	könnten
	3人称	machte	hätte	wäre	würde	könnte
複数	1人称	machten	hätten	wären	würden	könnten
	2人称・親称	machtet	hättet	wäret	würdet	könntet
	2人称・敬称	machten	hätten	wären	würden	könnten
	3人称	machten	hätten	wären	würden	könnten

🛟 過去形の変化パターンに準じて形が変化する

Der Chef denkt, dass ich zu Hause wäre. Aber ich bin im Büro.
上司は私が家にいると思っている。だが私は職場にいる。

Ich hätte gern eine Tasse Kaffee.　コーヒーを一杯いただきたいのですが。

接続法Ⅱ式未来形（würde+不定詞）

未来助動詞werdenの接続法Ⅱ式と不定詞を組み合わせると**接続法Ⅱ式未来形**になります。
- 副詞gernを共に使って、要望を婉曲に表現できます。
- 2人称の疑問文で使うと婉曲な依頼を表現できます。

Ich würde gern eine Tasse Kaffee bestellen.　コーヒーを一杯注文したいのですが。
Würden Sie morgen um 9 Uhr kommen?　明日は9時に来ていただけますか？

練習の前に！ 次の動詞の意味を調べ、接続法Ⅱ式人称変化を練習してみよう。
bleiben　　kommen　　sprechen　　wissen

1 カッコ内の不定詞を主語に合った接続法Ⅱ式に変えて空欄に入れなさい。

1 Ich glaubte, dass der Parkplatz ganz nah ....〔sein〕
　私は駐車場がかなり近いと信じていた。

2 Diana sagt, dass sie heute zu Hause ....〔bleiben〕
　ディアナは彼女は今日家に留まると言っている。

3 Man sagt, dass Herr Hennig sechs Sprachen ....〔sprechen〕
　ヘンニヒ氏は6ヵ国語を話すと言われている。

4 Wir .... jetzt gern die Speisekarte.〔haben〕
　（私たちは）メニューをいただきたいのですが。

5 Wenn Florian heute pünktlich kommen .... , wäre ich zufrieden.〔können〕
　フローリアンが今日は時間通りに来るなら私は満足だ。

　　　　母音が変音する場合としない場合があります。

2 カッコ内の不定詞を主語に合った接続法Ⅱ式未来形に変えて空欄に入れなさい。

1 Ich dachte, dass mir mein Sohn eine Karte zum Geburtstag ....
　〔schreiben〕　私は息子が私の誕生日に葉書を書いてくると思っていた。

2 Wir .... am liebsten in diesem Hotel ....〔übernachten〕
　私たちはこのホテルに一番泊まりたい。

3 .... er .... über ein Geburtstagsgeschenk .... ?〔sich freuen〕
　彼は誕生プレゼントを喜ぶだろうか？

3 次の命令文を接続法Ⅱ式未来形の疑問文を使った婉曲な依頼に書き換えなさい。

1 Kommen Sie am Dienstag noch einmal!　火曜日にもう一度来てください！
　→ .... ?

2 Bestellen Sie mir bitte ein Taxi!　どうか私のためにタクシーを呼んでください！
　→ .... ?

3 Ruf mich heute Abend an!　今晩電話してね！
　→ .... ?

第57課 パスポートを見せていただきたいのですが

接続法Ⅱ式完了形
　接続法Ⅱ式完了形は過去に起こりえたが起こらなかったできごとを表します。
●完了助動詞haben/seinの接続法Ⅱ式と過去分詞を組み合わせて作ります。
●副詞gernを共に使って、要望を婉曲に表現できます。

　Ich hätte mich fast erkältet.　　　もう少しで風邪をひくところだった。
　Ich hätte gern Ihren Pass gesehen.　パスポートを見せていただきたいのですが。

接続法Ⅱ式を使った引用
　接続法Ⅱ式を使って第三者の発言を引用することができます。元の発言の時点とその内容の時間関係により接続法Ⅱ式未来形や接続法Ⅱ式完了形が使われる場合もあります。

言われる内容の時間	形式
元の発言より後	接続法Ⅱ式未来形（未来形に準じた形）
元の発言と同時	接続法Ⅱ式
元の発言より前	接続法Ⅱ式完了形（完了形に準じた形）

> 第三者の発言を引用する際は時間関係に注意が必要

Alex sagt: „Ich komme später."　アレックスは言う：「僕は後で来ます。」
→ Alex sagt, dass er später kommen würde.　アレックスは後で来ると言う。

Alex sagt: „Ich bin zu Hause."　アレックスは言う：「僕は家にいます。」
→ Alex sagt, dass er zu Hause wäre.　アレックスは家にいると言う。

Alex sagt: „Ich habe ferngesehen."　アレックスは言う：「僕はテレビを見ました。」
→ Alex sagt, dass er ferngesehen hätte.　アレックスはテレビを見たと言う。

練習の前に！ 次の動詞の意味を調べ、過去基本形と過去分詞を作ってみよう。
anrufen　bestellen　fahren　sehen

1 カッコ内の不定詞を主語に合った接続法Ⅱ式完了形に変えて空欄に入れなさい。

1　Wenn Frau Huber Zeit gehabt hätte, ... sie dich .... ．［anrufen］
　　フーバーさんに時間があったら、君に電話していただろうよ。
2　Wenn du pünktlich .... , wären wir mit dem Zug gefahren.
　　［kommen］　君が時間通りに来ていたら、その列車で行ったのに。
3　Bei schönem Wetter .... wir an den Chiemsee .... ．［fahren］
　　天気が良ければキーム湖に行ったのに。

　　　　　動詞haben / seinの接続法Ⅱ式人称変化を確認してから解いてみましょう。

2 カッコ内の単語を並べ替えて空欄に入れ、婉曲な要望の表現を作りなさい。動詞は接続法Ⅱ式完了形にすること。

1　Ich .... ． 私は今日、その写真展を観たいです。
　　［sehen / heute / die Fotoausstellung / gern］
2　Wir .... ．（私たちは）ワインをお願いしたいのですが。
　　［bestellen / Wein / gern］
3　Ich .... ． ジムラーさんとお話したいのですが。
　　［sprechen / Herrn Simmler / gern / mit］

　　　　　2番のbestellen「注文する」は非分離動詞です。

3 カッコ内の文の動詞を接続法Ⅱ式を使った適切な形に置き換えて引用文にしなさい。

1　Die Kinder denken, dass .... ．
　　［Der Vater kann zwei Wochen Urlaub nehmen.］
　　子供たちは父親が2週間休暇を取れると考えている。
2　Werner schreibt mir, dass .... ．
　　［Er ist in Frankfurt angekommen.］
　　ヴェルナーはフランクフルトに着いたと私に書いている。
3　Agnes sagt, dass .... ．
　　［Ihr Bruder hat früher Japanisch gelernt.］
　　アグネスは彼女の兄（または弟）が以前日本語を勉強していたと言っている。

　　　　　接続法Ⅱ式を含む表現は話し手の疑いの気持ちを表すことがあります。

第58課 今日はもう到着する列車はありません

過去完了形・完了不定詞・未来完了形
　過去完了形・完了不定詞・未来完了形は完了形助動詞haben / sein と過去分詞を組み合わせて作ります。
- 過去完了形は完了助動詞haben / seinを過去形にして作ります。過去のある時点で終わっているできごとを表します。
- 完了不定詞は完了助動詞haben / seinを不定詞にして作ります。他の助動詞と共に、すでに終わっているできごとを表します。zu不定詞形もあります。
- 未来完了形は未来助動詞werdenの現在形と完了不定詞を結びつけて作ります。未来のある時点で終わっているできごとを表します。

　Gestern gab es eine Party bei Uli.　昨日はウリのところでパーティーがあった。
　Ich hatte aber vorher etwas Bier getrunken.
　でも僕はそれより前に少しビールを飲んでいた。
　Diese Flasche scheint lange im Kühlschrank gelegen zu haben.
　この瓶は長いこと冷蔵庫にあったようだ。
　Meine Schwester wird bis Dienstag die Antwort bekommen haben.
　私の姉（または妹）は火曜日までに回答をもらう。

分詞の形容詞的用法
　現在分詞は動詞から作る形容詞で、通常名詞の前に置きます。過去分詞も形容詞として名詞の前に置くことができます。以下に注意しましょう。
- 現在分詞は動詞の語幹の後にendを加えて作ります。文字に書く場合、常に全体を一語として書きます。
- 修飾する名詞に合わせ、通常の形容詞と同じ語尾変化をします。

> **分詞は形容詞と同じ語尾変化をする**

　Viele Menschen warten auf dem Bahnsteig auf den ankommenden Zug.
　大勢の人々がホームで到着する列車を待っている。
　Das ist ein reservierter Tisch.　こちらは予約席です。

練習の前に！ 次の動詞の意味を調べ、現在分詞形を作ってみよう。
kommen　　lesen　　sinken　　stehen

1 カッコ内の単語を並べ替えて空欄に入れ、文を作りなさい。

1　_____, gingen wir ins Restaurant.
　〔Sabine / zurückgekommen / nachdem / war / aus der Arbeit〕
　ザビーネが仕事から戻った後で私たちはレストランに行った。

2　Ich _____, als mich meine Mutter anrief.
　〔der Schweiz / zwei Wochen / gewesen / für / in / war〕
　母が電話してきたとき、私は2週間スイスにいた後だった。

3　Als wir in den Laden kamen, _____.
　〔war / worden / schon alles / verkauft〕
　私たちが店に入ったとき、すでにすべての物が売り払われていた。

4　Paul _____. パウルはその本をもう読んでいたように見える。
　〔das Buch / zu / haben / schon / scheint / gelesen〕

5　Morgen _____.
　〔gelesen / wird / meine / Nachmittag / haben / er / E-Mail〕
　明日の午後には彼は私の電子メールを読み終わっているだろう。

主節が表すできごとと従属節が表すできごとの時間関係に注意しましょう。

2 カッコ内の動詞を指示された分詞にし、適切な形に変えて空欄に入れなさい。

1　Am _____ Mittwoch sprechen wir mit Gisela über die Prüfung.
　〔kommenの現在分詞〕
　来週水曜日に私たちはギーゼラと試験について話します。

2　Es gibt heute keine _____ Züge mehr.　今日はもう到着する列車はありません。
　〔ankommenの現在分詞〕

3　Unser Problem ist die _____ Zahl der Bestellungen.
　〔sinkenの現在分詞〕
　私たちの問題は注文の数が下がりつつあることです。

4　Wir standen vor _____ Türen.〔schließenの過去分詞〕
　私たちは閉まったドア（複数）の前に立っていた。

5　Möchten Sie _____ Eier?〔kochenの過去分詞〕
　ゆで卵を召し上がりますか？

普通の形容詞と同じように語尾変化することを忘れずに。

第59課 ブリギッテは彼女の祖父が病気だと言っている

接続法現在形

接続法Ⅰ式はもっぱら第三者の発言の引用に使われます。
- 動詞sein以外、規則的に人称変化します。
- 人称変化のパターンは現在形と似ていて、一部は形の区別ができません。

		不定詞	machen する	haben 持つ	sein 〜である	werden 〜になる	können 〜できる
単数	1人称		mache	habe	sei	werde	könne
	2人称・親称		machest	habest	seist	werdest	könnest
	2人称・敬称		machen	haben	seien	werden	können
	3人称		mache	habe	sei	werde	könne
複数	1人称		machen	haben	seien	werden	können
	2人称・親称		machet	habet	seiet	werdet	könnet
	2人称・敬称		machen	haben	seien	werden	können
	3人称		machen	haben	seien	werden	können

接続法Ⅰ式を使った引用

第三者の発言を引用する場合、元の発言とその内容の時間関係により**接続法Ⅰ式未来形**、**接続法Ⅰ式完了形**を使うことがあります。

言われた内容の時間	形式
元の発言より後	接続法Ⅰ式未来形（未来形に準じた形）
元の発言と同時	接続法Ⅰ式
元の発言より前	接続法Ⅰ式完了形（完了形に準じた形）

> 第三者の発言を引用する際は時間関係に注意が必要

Alex sagt: „Ich werde kommen."　アレックスは言う：「僕は来ます。」
→ Alex sagt, dass er kommen werde.　アレックスは来ると言う。
Alex sagt: „Ich bin zu Hause."　アレックスは言う：「僕は家にいます。」
→ Alex sagt, dass er zu Hause sei.　アレックスは家にいると言う。
Alex sagt: „Ich habe ferngesehen."　アレックスは言う：「僕はテレビを見ました。」
→ Alex sagt, dass er ferngesehen habe.　アレックスはテレビを見たと言う。

練習の前に！ 次の動詞の意味を調べ、接続法Ⅰ式人称変化を練習してみよう。
dürfen　　einkaufen　　geben　　spielen

1 カッコ内の不定形を主語に合った接続法Ⅰ式に変えて空欄に入れなさい。

1　Brigitte sagt, dass ihr Großvater krank .... [sein]
　　ブリギッテは彼女の祖父が病気だと言っている。
2　Mein Vater sagt, dass alle Museen zu Weihnachten geschlossen .... [sein]
　　私の父はクリスマスには博物館はすべて閉館していると言っている。
3　Wir haben gehört, dass der Zug nach Nürnberg 15 Minuten Verspätung
　　............... . [haben]
　　私たちはニュルンベルク行きの列車は15分遅れていると聞きました。
4　Herr Brunner sagt, dass sein Vater sehr gut Klavier .... [spielen]
　　ブルンナーさんは彼の父親がピアノをとても上手に弾くと言っています。
5　Sigi schreibt, dass sie gern in München .... [einkaufen]
　　ジギはミュンヘンで買い物をするのが好きだと書いている。

2 カッコ内の文の動詞を接続法Ⅰ式を使った適切な形に書き換えて引用文にし、空欄に入れなさい。

1　Frau Schubert hat mir erzählt, dass ＿＿＿＿＿＿＿＿＿＿＿＿ .
　　[Sie wird bald nach Österreich fahren.]
　　シューベルトさんは私に、彼女は間もなくオーストリアに行くと話した。
2　Mein Sohn sagt, dass ＿＿＿＿＿＿＿＿＿＿＿＿ .
　　[Niemand darf hier rauchen.]
　　息子はここでは誰も喫煙してはいけないと言っている。
3　Klaus glaubt, dass ＿＿＿＿＿＿＿＿＿＿＿＿ .
　　[Es wird nächste Woche keine Prüfung geben.]
　　クラウスは来週試験がないと信じている。
4　Anita schrieb mir, dass ＿＿＿＿＿＿＿＿＿＿＿＿ .
　　[Sie hat das ganze Wochenende zu Hause gelernt.]
　　アニータは私に、彼女は週末ずっと家で勉強したと書いてきた。
5　Herr Wagner sagt, dass ＿＿＿＿＿＿＿＿＿＿＿＿ .
　　[Der Chef kam schon aus dem Urlaub zurück.]
　　ヴァーグナーさんは上司がもう休暇から戻っていたと言っている。

　　　　元の文が過去のできごとを表す場合は接続法Ⅰ式完了形を使いましょう。

場面別の表現例：パン屋で買い物をする

Verkäuferin: Guten Tag!
Kunde: Guten Tag!
Verkäuferin: Was darf es sein?[1]
Kunde: Vier Brötchen und zwei Brezeln, bitte[2] !
Verkäuferin: Außerdem?
Kunde: Danke, das wäre alles.[3] Was kostet das?
Verkäuferin: 6 Euro, bitte.
Kunde: Hier, bitte.
Verkäuferin: 10 Euro, danke schön. Und 4 Euro zurück. Auf Wiedersehen!
Kunde: Auf Wiedersehen!

店員：こんにちは。
客：　こんにちは。
店員：何にしますか？
客：　ブレートヒェン4つとブレッツェル2つください。
店員：他には？
客：　いや、それだけです。おいくらですか？
店員：6ユーロになります。
客：　どうぞ。
店員：10ユーロお預かりします。ありがとうございます。4ユーロのお返しです。さようなら。
客：　さようなら。

1) 注文内容を聞くときの決まり文句です。話法の助動詞dürfenを使っています。
2) bitte「どうか」は依頼の表現に頻繁に用いられる単語です。
3) 動詞seinを接続法Ⅱ式で使う、婉曲な表現です。

場面別の表現例：道を尋ねる

Tourist: Verzeihung, wie komme ich zum[1] Rundfunkmuseum?
Passant: Zum Rundfunkmuseum? Das Museum am[2] Uferplatz?
Tourist: Ja, richtig.
Passant: Das ist ziemlich weit von hier. Nehmen Sie die Straßenbahn![3] Mit der Linie 16[4] kommen Sie dorthin.
Tourist: Kann man[5] die Fahrkarte in der Straßenbahn kaufen?
Passant: Ja. Und dort ist die Haltestelle.
Tourist: Vielen Dank. Auf Wiedersehen!
Passant: Gern geschehen. Wiedersehen!

観光客：すみません、放送博物館へはどう行くのですか？
通行人：放送博物館に？　ウーファー広場の博物館ですか？
観光客：はい、そうです。
通行人：ここからはかなり遠いですね。市電で行ったらどうですか？　16番で行けますよ。
観光客：切符は車内で買えますか？
通行人：はい。あそこが停留所です。
観光客：ありがとうございます。さようなら。
通行人：どういたしまして。さようなら。

1) zumは方向を表す前置詞と冠詞の縮約形です。
2) amは位置を表す前置詞と冠詞の縮約形です。
3) 動詞nehmenの命令文です。
4) „mit der Linie 16" は「16番（の市電）を使って」という前置詞mitを用いた表現です。
5) „kann man ...?" という表現は一般的に何かができるかどうかを尋ねる表現です。

場面別の表現例：電車のアナウンス

Sehr verehrte[1] Fahrgäste! In wenigen[2] Minuten erreichen wir Nürnberg Hauptbahnhof. Unser Zug hat leider 15 Minuten Verspätung. Ich bitte Sie um[3] Verständnis. In Nürnberg haben Sie Anschluss zum ICE 301 nach Hamburg. Vielen Dank für Ihre Aufmerksamkeit.

　お客様にご案内申し上げます。まもなくニュルンベルク中央駅に到着します。残念ながら当列車は15分遅れております。申し訳ありません。ニュルンベルクではハンブルク行きICE301号にお乗り換えいただけます。お聞きいただきありがとうございました。

1）　動詞verehrenの過去分詞を形容詞的に使う表現です。語尾変化も伴っています。
2）　形容詞wenigが語尾変化を伴っています。
3）　動詞bittenに伴う前置詞umは頼む内容を表します。

ICEの車内

場面別の表現例：ホテルのフロントで

Herr Shida:	Guten Tag!
Empfangsdame:	Guten Tag! Was kann ich für Sie tun?
Herr Shida:	Ich habe für heute Abend ein Zimmer reserviert.
Empfangsdame:	Wie ist Ihr Name?
Herr Shida:	Shida.
Empfangsdame:	Wie bitte?
Herr Shida:	Shida. Ich buchstabiere: S-H-I-D-A.
Empfangsdame:	Einen Moment, bitte ... Ja, Sie haben ein Zimmer reserviert. Herzlich willkommen, Herr Shida. Ihr Zimmer ist Nummer 216 im zweiten Stock.[1] Hier ist Ihr Zimmerschlüssel.
Herr Shida:	Danke.
Empfangsdame:	Ich wünsche Ihnen einen angenehmen Aufenthalt.
Herr Shida:	Vielen Dank. Dann, bis später.
Empfangsdame:	Bis später!

志田さん：　　　　こんにちは。
フロントの係員：こんにちは。どういったご用件でしょうか。
志田さん：　　　　今晩、一部屋予約してあるのですが。
フロントの係員：お名前をお願いします。
志田さん：　　　　志田です。
フロントの係員：もう一度お願いできますか？
志田さん：　　　　「志田」です。スペルで言うと、S-H-I-D-A です。
フロントの係員：少々お待ちください。...はい、一室ご予約いただいていますね。お越しいただきありがとうございます、志田様。お部屋は3階の216号室になります。こちらがルームキーです。
志田さん：　　　　ありがとうございます。
フロントの係員：ごゆっくりお過ごしください。
志田さん：　　　　ありがとうございます。ではまた。
フロントの係員：ではまた。

1) „im zweiten Stock" は日本語の「3階」に当たります。

場面別の表現例：スーツを買う

Verkäuferin: Guten Tag! Kann ich Ihnen helfen?
Kunde: Ja, bitte... Ich möchte einen Anzug kaufen.
Verkäuferin: Welche Größe haben Sie?
Kunde: 46.
Verkäuferin: Wie finden Sie den Anzug hier? Probieren Sie ihn doch mal[1] an!
Kunde: Der[2] passt gut. Der gefällt mir. Kann ich ihn gleich mitnehmen?
Verkäuferin: Ja, natürlich. Bringen Sie ihn bitte zur Kasse, und bezahlen Sie ihn dort!
Kunde: Ja, gut. Vielen Dank und auf Wiedersehen!
Verkäuferin: Auf Wiedersehen!

店員：いらっしゃいませ。何かお探しですか？
客： はい。スーツを買いたいのですが。
店員：サイズはおいくつですか？
客： 46です。
店員：こちらのスーツはいかがですか？　どうぞご試着ください。
客： ちょうどいいですね。気に入りました。すぐに持って帰れますか？
店員：もちろんです。こちらをレジへお持ちいただき、お支払いください。
客： わかりました。ありがとうございました。さようなら。
店員：さようなら。

1) „doch mal" は命令文でよく用いられ、促しの気持ちを表します。
2) ここでは定冠詞に続く „Anzug" が省略されています。口語ではよく用いられる表現です。

場面別の表現例：レストランで

Kellnerin: Grüß Gott![1] Was darf es sein?
Gast: 　　　Grüß Gott! Ich hätte gern einen Schweinbraten mit Sauerkraut.[2]
Kellnerin: Ja, gern. Möchten Sie etwas trinken?
Gast: 　　　Ja, ein alkoholfreies Bier, bitte!
Kellnerin: Gern.
　◆◆◆
Kellnerin: Hat es Ihnen geschmeckt?
Gast: 　　　Ja, ausgezeichnet. Kann ich gleich zahlen?
Kellnerin: Ja, gern. Das macht zusammen 18,80 Euro.
Gast: 　　　（20ユーロを渡す）Stimmt so![3]
Kellnerin: Danke schön! Schönen Tag noch! Auf Wiedersehen!
Gast: Danke, gleichfalls! Auf Wiedersehen!

店員：いらっしゃいませ。何にしましょうか？
客： こんにちは。ザウアークラウト付きローストポークをお願いします。
店員：かしこまりました。お飲物はいかがなさいますか？
客： ノンアルコールビールを1つお願いします。
店員：かしこまりました。

店員：ご満足いただけましたでしょうか？
客： はい、とても良いお味でした。もう代金を払えますか？
店員：はい、喜んで。全部で18.8ユーロです。
客： お釣りは結構です。
店員：ありがとうございます。よい一日をお過ごしください。さようなら。
客： こちらこそ。さようなら

1) ドイツ南部やスイス、オーストリアでは„Guten Tag!"でなく、„Grüß Gott!"という挨拶を使うのが普通です。
2) 動詞habenを接続法Ⅱ式で使う、婉曲な表現です。
3) ドイツではチップを渡すとき、この会話のようにお釣りをそのまま渡すことが多く見られます。

場面別の表現例：友人と一緒に勉強

Martin: Hallo, Guido!
Guido: Hallo, Martin!
Martin: Wie geht es dir?
Guido: Gut, danke! Und dir?
Martin: Auch gut. Du, was machst du am Wochenende?
Guido: Ich bleibe zu Hause. Wir haben doch[1] am Montag eine Deutschprüfung.
Martin: Ja, ich weiß. Wollen wir am Samstag oder Sonntag zusammen bei mir lernen?
Guido: Ja, gute Idee. Wann treffen wir uns?
Martin: Wie wäre[2] es am Samstag um 10 Uhr?
Guido: Ja, in Ordnung.
Martin: Gut! Dann, bis Samstag. Tschüss!
Guido: Tschüss!

マルティン：やぁ、ギド。
ギド：　　　やぁ、マルティン。
マルティン：元気かい？
ギド：　　　ありがとう。元気だよ！そっちは？
マルティン：僕も元気だよ。ねぇ、週末は何をする？
ギド：　　　家にいるよ。月曜日にはドイツ語の試験があるからね。
マルティン：ああ、知ってるよ。土曜か日曜にうちで一緒に勉強しないかい？
ギド：　　　それはいいね。いつ集まろうか？
マルティン：土曜日の10時はどうかな？
ギド：　　　ああ、大丈夫だよ。
マルティン：いいね。じゃあ、土曜日に！じゃあまた！
ギド：　　　じゃあまた！

1) „doch"はここでは先行する内容の理由を説明するために用いられています。
2) 動詞seinを接続法Ⅱ式で使う、婉曲な表現です。

場面別の表現例：商談に訪れる

Sekretärin: Guten Morgen!
Herr Sakata: Guten Morgen! Ich heiße Atsushi Sakata. Ich habe heute einen Termin bei Herrn Jänner.
Sekretärin: Ja, Herr Sakata[1]. Entschuldigen Sie bitte, Herr Jänner ist leider noch nicht da. Sein Zug hat Verspätung. Er kommt ungefähr um 11 Uhr.
Herr Sakata: Ach, so. Bis 11 Uhr habe ich noch viel Zeit. Ich muss heute sowieso eine Zug-Fahrkarte kaufen. Ich möchte deshalb vor dem Termin zum ... nicht Station ... Wie sagt man das auf Deutsch?
Sekretärin: Sie meinen „Bahnhof"?
Herr Sakata: Ja, ich möchte zum Bahnhof gehen. Ich komme dann kurz vor 11.00 Uhr wieder.
Sekretärin: Alles klar, Herr Sakata. Bis später!
Herr Sakata: Bis später!

秘書：　　　おはようございます。
坂田さん：おはようございます。坂田篤と申しますが、今日イェンナーさんと面会の約束があるのですが。
秘書：　　　はい。申し訳ありませんが、イェンナーはまだ来ておりません。列車が遅れておりまして。11時頃には参ります。
坂田さん：そうですか。11時まではまだずいぶん時間がありますね。今日はどうせ列車の切符を買わないといけないので、面会の前に…Stationでなくて…ドイツ語でなんて言ったかなぁ？
秘書：　　　Bahnhofですか？
坂田さん：はい、私はBahnhof（駅）に行きたいのです。その後で、11時少し前にまた参ります。
秘書：　　　結構です。また後ほど。
坂田さん：また後ほど。

1) 話し相手の名をときどきはさむと丁寧な話し方になります。

場面別の表現例：電子メールを書く

件名：Bitte um Informationsmaterial über Köln

Sehr geehrte Damen und Herren,[1]
ich plane in diesem Sommer eine Reise nach Deutschland. Dabei möchte ich auch Köln besuchen. Dort möchte ich eine Woche bleiben.
Sie haben wahrscheinlich Informationsmaterial für Touristen. Ich interessiere mich besonders für Kunst. Ich hätte gern gewusst, ob die Kunstmuseen auch im Sommer geöffnet sind. Ich wäre Ihnen außerdem sehr dankbar, wenn ich eine Liste der Hotels in Köln bekommen könnte.
Mit freundlichen Grüßen,[2]
Aya Sasaki

件名：ケルンについての資料のお願い
拝啓
私は夏にドイツ旅行を計画しています。その際、ケルンも訪れたいと思っています。ケルンには一週間留まりたいと思っています。
観光客向けの資料があると思います。私は特に美術に関心があります。夏も美術館が開いているか教えていただけませんでしょうか。また、ケルンにあるホテルのリストをいただければとてもありがたく思います。
敬具
佐々木 綾

1) 公的機関や企業などに宛てて手紙や電子メールを書く場合の書き出しです。相手の名前が分かる場合は „Sehr geehrter Herr Lerchner「レルヒナー様（男性の場合）」" または „Sehr geehrte Frau Lerchner「レルヒナー様（女性の場合）」" のように書き始めます。
2) それほど親しくない相手に出す手紙や電子メールはこの挨拶文と自分の姓名で締めくくります。

場面別の表現例:クリスマスカードを書く

Liebe Frau Heidemann,[1]
ich hoffe, dass es Ihnen gut geht. Dieses Jahr war für unsere Familie ein besonderes Jahr. Unser Sohn Masato geht seit April zur Schule. Er hat jetzt viele Freunde. Für Klavier interessiert er sich leider nicht mehr.
Ich hoffe, dass es Ihnen und Ihrer ganzen Familie auch im neuen Jahr gut geht. Bitte grüßen Sie Ihren Mann von uns.
Ich wünsche Ihnen von Herzen frohe Weihnachten und ein glückliches neues Jahr.
Mit herzlichen Grüßen,[2]
Ihre Shino Yamazaki

ハイデマン様
お元気で過ごされていることを願っています。今年は私たちの家族にとって特別な一年でした。息子の正人は4月から学校に通っています。今ではたくさん友達がいます。残念なことにピアノにはもう興味を示しません。
ご家族ともども来年もお元気で過ごされることを願っています。ご主人様にも私たちからよろしくお伝えください。
よきクリスマスと幸せな新年を心からお祈りします。
敬具
山崎 志乃

1) ある程度親しい相手に手紙や電子メールを書く場合の書き出しです。相手に対して親称を使えるほど親しい場合はファーストネームを使って „Lieber Daniel「ダニエルへ（男性の場合）」" または „Liebe Annette「アネッテへ（女性の場合）」" のように書き始めます。

2) ある程度親しい相手に出す手紙や電子メールはこの挨拶文と自分の姓名で締めくくります。親称を使える相手の場合は „Viele Grüße" と自分のファーストネームで締めくくることもできます。

もっと勉強したい人のために

　本書はドイツ語の初歩的な文法知識を身につけることを目的としています。そのため、読者がさらにドイツ語の勉強をさらに深めていこうとする場合、より高度な教材や参考書を使って学習を続ける必要があります。

　本書ではドイツ語の名詞・代名詞の格の説明に「主格」「属格」「与格」「対格」という用語を使いました。これらは多くのドイツ語の教材や参考書ではそれぞれ「1格」「2格」「3格」「4格」と呼ばれているので、注意してください。また、本書には不規則動詞変化一覧が掲載されていません。一覧表の形でいわゆる「3基本形」（不定詞―過去基本形―過去分詞形）を把握することは非常に重要なので、何らかの形で入手しておくと良いでしょう。

　ドイツ語を学習する際に参考にするもので一番重要なのは、辞書です。現在は多くの出版社から様々な辞書が刊行されていますが、どれも配慮が行き届いた使いやすいものです。読者が辞書を選ぶ場合は装丁などで気に入ったものを選べば良いでしょう。ただし、小型のものは解説が少ないため、携帯には便利ですが学習の参考書としては適さないかも知れません。

　携帯性を考えるとやはり電子辞書が優れています。電子辞書には単語の発音を音声で確認できるという利点があるので、著者としては電子辞書を一番お勧めします。ただし、電子辞書の場合は語形変化表や不規則動詞変化表などが含まれないので、この点のみ別の形で補ってください。現在はインターネット上で様々な情報が得られます。Wikipedia（日本語版は http://ja.wikipedia.org/）で「ドイツ語の文法」という項目を参照すれば語形変化などの一覧表を見ることができます。

　インターネット上では他にも様々な辞書や翻訳サービスが利用できます。特に、Wiktionary（日本語版は http://ja.wiktionary.org/）を使えば変化後の語形から辞書の見出し語になる形を簡単に見つけられます。ただし、こうしたサービスの多くは日本語対応が充分でないことが多いようです。スマートフォン用のドイツ語辞書アプリなども数多くあるのですが、日本語で利用できるものはまだまだ少数です。

　上級レベルまで目指そうとする場合、独独辞典を使って勉強すると語彙知識を大幅に広げることができます。ドイツ語関連の参考書を数多く出版しているDuden出版のウェブサイト（http://www.duden.de）では独独辞典をインターネット上で公開しているので、それを一度覗いてみるのも良いでしょう。

　しかし、ドイツ語を学ぶ上で一番効果があるのは、やはりドイツ語圏でドイツ語を使う人々と実際にコミュニケーションすることです。観光旅行をする場

合に参考となるウェブサイトとしてはドイツ観光局（http://www.germany.travel/jp/)、オーストリア政府観光局（http://www.austria.info/jp)、スイス政府観光局（http://www.myswiss.jp/jp.cfm/home/）が挙げられます。どれも日本語のサイトです。

また、ドイツには「ゲーテ・インスティトゥート（Goethe-Institut)」という機関があり、ドイツ連邦政府と協力してドイツ国内・国外でのドイツ語教育を支援しています（日本語サイトはhttp://www.goethe.de/tokyo/)。日本国内の支部でもドイツ語を学ぶことができますが、ドイツ国内各地でもドイツ語講座を開き、ドイツ語をドイツで学ぶ環境を提供してくれています。

特に、ゲーテ・インスティトゥートが実施するドイツ語検定試験は世界的に知られています。現在、ゲーテ・インスティトゥートの検定試験は欧州評議会（Council of Europe、欧州連合（European Union）よりもずっと加盟国の多い組織です）が定めたCEFR（Common European Framework of Reference for Languages｜ヨーロッパ言語共通参照枠」）という基準に沿って位置づけられているので、欧州評議会加盟国では同じ効力を持ちます（CEFRに基づくドイツ語検定試験はオーストリア政府が実施するものもあります）。

ドイツについてのニュースは新聞社などが開設する様々なウェブサイトで読むことができます。また、テレビニュースとしては「ドイツ第1テレビ（Das Erste)」が放送するTagesschauという番組がドイツで最も視聴率が高いテレビニュースとして有名です（http://tagesschau.de)。動画投稿サイトYouTube（http://www.youtube.com)でも、様々なドイツの動画を閲覧することができます。

ドイツの作家が書いた文学作品を読んでみたいという場合は、Projekt Gutenbergサイト（http://gutenberg.spiegel.de）で読むこともできます。ただし、このサイトで閲覧できるのは基本的に版権が切れた作品ばかりで、最近の文学作品は読むことができません。

練習問題解答例

第1課
1 1. arbeite 2. heiße 3. trinke 4. komme
2 1. kommen 2. hören 3. gehen 4. reisen
3 1. Sie 2. Ich 3. Sie 4. Ich
4 1. reise dorthin 2. trinken Tee 3. komme morgen

第2課
1 1. Ja 2. Nein 3. Nein 4. Nein
2 1. Hören Sie Musik 2. Spielen Sie Fußball 3. Bleiben Sie hier
   4. Kaufen Sie Brot
3 1. kommt 2. Trinken 3. wohne 4. Steht 5. Bleibt 6. heißt 7. kauft

第3課
1 1. Wie 2. Woher 3. Wohin 4. Wann 5. Wo
2 1. Wohin gehst du 2. Wo schlafen Sie 3. Wie heißt sie
   4. Wann spielt er Fußball 5. Warum lernen Sie Deutsch
3 1. Frühstückst du 2. reisen Sie nach Japan 3. Wo wohnt 4. Trinkst du
   5. arbeite ich

第4課
1 1. trinken 2. fliegen 3. Schwimmt 4. wohnen 5. frühstücken 6. Reisen
2 1. Sie 2. du 3. ihr 4. Wir
3 1. Wie heißen Sie 2. Sie wohnen in München 3. Wo wohnt Paul
   4. Trinkt ihr Tee 5. Warum bleiben wir hier

第5課
1 1. esse 2. Isst 3. Isst 4. fahren 5. Fährst 6. läuft 7. Läufst 8. laufen
2 1. bin 2. sind 3. ist 4. bist 5. ist 6. ist 7. ist 8. Seid

第6課
1 1. arbeitet 2. arbeiten 3. Wartest 4. wartet 5. heiratet
2 1. wird 2. werde 3. wird 4. werden 5. werden
3 1. essen Gemüse und 2. trinkt Bier, aber Sabine trinkt Wasser
   3. Wohnt er in Frankfurt oder 4. fährt nach Berlin und hört Musik
   5. bleibt zu Hause, denn er ist krank

第7課
1 1. Der 2. Der 3. der 4. der 5. der
2 1. den 2. den 3. den 4. den
3 1. den 2. der 3. den 4. der 5. den 6. den

第8課
1 1. Die 2. die 3. Die 4. das 5. das

160

2 1. das, Das   2. die, die   3. das, Das
3 1. Sie   2. Er   3. er   4. Er

第9課

1 1. ein   2. ein   3. eine   4. Eine   5. ein
2 1. einen   2. ein   3. einen   4. ein   5. eine
3 1. Was suchen Sie   2. Was trinkst du   3. Warum schreibt er eine E-Mail
   4. Fährt ein Zug nach Dresden   5. Wo finde ich ein Taxi

第10課

1 1. Er   2. Gisela   3. sie
2 1. haben   2. hat   3. Haben   4. haben   5. hat   6. Hat   7. hat   8. habe
3 1. Was tust du heute   2. mag den Film   3. Warum nimmt Manfred ein Taxi
   4. Mögen Sie

第11課

1 1. bald   2. morgen   3. dort   4. lange   5. mal
2 1. Bist du schon fertig   2. lernen jetzt Deutsch   3. trinkt vielleicht Tee
   4. bin sehr müde   5. Der Fernseher ist zu
3 1. Ein Glas   2. eine   3. ein   4. eine Tasse   5. einen

第12課

1 1. Die Bäume   2. Die Schuhe   3. Die Blumen   4. Die Bücher   5. Die Häuser
   6. Die Hotels   7. Die Busse   8. Die Studentinnen
2 1. Die Züge   2. die Fahrkarten   3. Die Frauen   4. Die Kinder   5. Fahrräder
   6. Häuser   7. Prüfungen

第13課

1 1. sie   2. es   3. sie   4. ihn
2 1. Ihnen   2. mir   3. ihm   4. dir
3 1. dich   2. uns   3. mir   4. ihm

第14課

1 1. Der Computer ist nicht billig.（そのコンピュータは値段が安くはありません。）
   2.〔Die Tasche ist zu teuer.〕Ich kaufe sie nicht.（〔この鞄は値段が高すぎます。〕私はそれを買いません。）   3. Herr Beyer singt nicht so gut.（バイヤーさんはあまり歌が上手ではありません。）   4. Ich trinke nicht gern Bier.（私はビールが好きではありません。）   5. Frau Gärtner kommt nicht aus Österreich.（ゲルトナーさんはオーストリア出身ではありません。）   6. Er hilft mir nicht.（彼は私を手伝いません。）   7. Wissen Sie es nicht?（あなたはそれを知らないのですか？）
2 1. Mann dort arbeitet nicht für uns   2. Paula schreibt uns nie
   3. Huber kennt mich noch nicht   4. Handy habe ich nicht mehr
   5. ist sehr einfach   6. Was ist das   7. kostet nur 8 Euro
   8. Das finde ich lustig

第15課

1 1. Machen Sie bitte den Einkauf für mich（どうか私のために買い物をしてください！） 2. Kaufen Sie bitte die Fahrkarte（どうか切符を買ってください！）
3. Essen Sie bitte den Kuchen（どうかケーキを食べてください！）
4. Zahlen Sie bitte die Rechnung（どうか勘定書の金額を払ってください！）
5. Nehmen Sie bitte die Butter（どうかバターを取ってください！）

2 1. Mach bitte den Einkauf für mich（どうか私のために買い物をしてよ！）
2. Kauf bitte die Fahrkarte（どうか切符を買ってよ！）
3. Iss bitte den Kuchen（どうかケーキを食べてよ！）
4. Zahl bitte die Rechnung（どうか勘定書の金額を払ってよ！）
5. Nimm bitte die Butter（どうかバターを取ってよ！）

3 1. Macht bitte den Einkauf für mich（どうか私のために買い物をしてよ！）
2. Kauft bitte die Fahrkarte（どうか切符を買ってよ！）
3. Esst bitte den Kuchen（どうかケーキを食べてよ！）
4. Zahlt bitte die Rechnung（どうか勘定書の金額を払ってよ！）
5. Nehmt bitte die Butter（どうかバターを取ってよ！）

第16課

1 1. Nein 2. Doch 3. Ja 4. Nein
2 1. macht jetzt die Tür zu 2. rufen die Rezeption an
3. laden wir Frau Petersen ein 4. Zieht ihr nach Berlin um
5. kommt bald in Stuttgart an 6. Kreuzen Sie bitte hier an
7. Wann fährt der Zug ab 8. gibt dort einen Berg

第17課

1 1. dem 2. der 3. den 4. den 5. der
2 1. einem 2. einer 3. einer 4. 空白
3 1. kaufen eine Wohnung mit fünf Zimmern
2. habe heute einen Termin mit Frau Wagner 3. ist der Brief von der Sparkasse

第18課

1 1. das Fieber 2. der Arbeit 3. die Stadt 4. einem Bus 5. dem Büro
6. einer Bank 7. die Prüfungen 8. mir 9. zehn Jahren
2 1. von der Arbeit 2. aus der Straßenbahn 3. vom Einkaufen
4. zum Schalter 7 5. Nach dem Frühstück

第19課

1 1. den Tisch 2. mir 3. den Supermarkt 4. ihm 5. der Kasse
2 1. vor dem Geschäft 2. Im Sommer 3. Zwischen uns 4. auf dem Handy
5. auf einen Zettel
3 1. ins 2. nach 3. zum 4. in die 5. nach

第20課

1 1. Wer 2. Wem 3. wem 4. Wen
2 1. Woher 2. Wann 3. Wohin 4. Wo
3 1. Für wen 2. Mit wem 3. Womit 4. Worüber

第21課

1 1. Wie teuer ist die Uhr 2. Wie lang schläfst du am Wochenende
   3. Wie viel kostet das 4. Wie weit ist die Straße von hier
2 1. möchten 2. möchte 3. möchte
3 1. Was bedeutet das Wort 2. verstehen wir nicht 3. nehme die Hose mit
   4. Unterschreiben Sie bitte

第22課

1 1. kein 2. keinen 3. keine 4. kein 5. keinem
2 1. keinen 2. nicht 3. keinen 4. nicht 5. nicht
3 1. kauft ein Handy 2. schreibt er eine E-Mail
   3. schickt er sie der Schülerin 4. lädt sie zu einer Party ein
   5. liest die E-Mail nicht

第23課

1 1. Mein 2. Mein 3. Meine 4. meine 5. meinem
2 1. dein 2. Deine 3. dein 4. deinen 5. deine
3 1. Sein 2. seinen 3. seine 4. seine 5. seinem

第24課

1 1. Ihr 2. ihrem 3. ihre
2 1. Ihr 2. Ihr 3. Ihrer
3 1. Unser 2. uns(e)ren 3. Unser
4 1. eu(e)ren 2. Eu(e)re 3. eu(e)rem

第25課

1 1. wollen 2. will 3. Kann 4. muss
2 1. Wollen Sie Wurst bestellen 2. Können wir ins Ausland fahren
   3. Warum muss Frau Holler ein Einzelzimmer reservieren
3 1. müssen 2. muss 3. wollen

第26課

1 1. dürfen 2. sollt 3. Dürfen 4. soll
2 1. Möchtet 2. sollst 3. möchte 4. Darf
3 1. Wir sollen das Licht anmachen.（私たちは明かりをつけろと言われている。）
   2. Hier dürft ihr nicht schwimmen.（君たちはここでは泳ぐことは許されていない。） 3. Takuya kann schon sehr gut Deutsch (sprechen).（卓也はもうとても上手にドイツ語を話せる。）

第 27 课
1 1. jedem 2. jeden 3. allen 4. Manche 5. manchen
2 1. des 2. des 3. der 4. der 5. der
3 1. einer 2. eines 3. eines 4. einer

第 28 课
1 1. diese 2. Welches 3. welcher 4. Diese 5. welches 6. diese
2 1. man 2. etwas 3. nichts 4. jemand(en) 5. Niemand 6. etwas
  7. niemand(em) 8. niemand(en) 9. alles

第 29 课
1 1. alte 2. ganze 3. japanische 4. nächste 5. neue 6. ruhigen
  7. hohen
2 1. gute 2. leichten 3. kurze 4. warmes 5. anderen 6. Normale 7. kleinen

第 30 课
1 1. anderes 2. gutes 3. schönen 4. großes 5. alter 6. neue 7. grüne
2 1. Studenten 2. Universität 3. Herrn 4. Brief 5. Jungen 6. Vater

第 31 课
1 1. jeden Tag 2. den ganzen Tag 3. die Straße dort 4. ein Jahr
2 1. Deutsche 2. Richtige 3. Kranke 4. Schwarzen
3 1. Wichtiges 2. Kaltes 3. Nettes 4. Falsches 5. Besonderes

第 32 课
1 1. vierundzwanzigste März 2. dreizehnten August 3. elften November
  4. zwölften Dezember
2 1. sechzehnte zweite 2. vierten vierten 3. zweiten sechsten
  4. dritten neunten
3 1. Juni beginnen die Ferien 2. haben im August viele Gäste 3. ihr mir helfen
  4. Film gefällt ihm nicht sehr 5. Kinder warten auf den nächsten Bus

第 33 课
1 1. lebte 2. holte 3. kaufte 4. reiste
2 1. Sie 2. Wir 3. du 4. ich 5. er
3 1. wem telefonierte Bernd gestern 2. zeigte uns seinen Ausweis
  3. schickten dem Kunden eine neue Karte

第 34 课
1 1. geben 2. trinken 3. wissen 4. bringen
2 1. schrieb 2. fuhr 3. gingen 4. saßen
3 1. blieben lange im Theater
  2. Freitag aß ich in einem japanischen Restaurant Fisch
  3. Zug fuhr nur langsam
  4. fanden den Verkäufer sehr freundlich

第35課

1 1. waren 2. war 3. hatte 4. Hattest 5. wurde

2 1. fing, an 2. bekamen, 空白 3. verstand, 空白 4. stellte, vor

3 1. dem Brief stand kein Empfänger 2. der Arbeit war der Fahrer sehr müde
3. stiegen aus dem Zug aus 4. aßen auf der Party einen großen Kuchen

第36課

1 1. Heute konnten wir das „Technische Museum" besuchen（今日、私たちは技術博物館を見学できました。） 2. Hier durfte man nicht schwimmen（ここでは泳ぐことは許されていませんでした。） 3. Das durftest du nicht vergessen（このことは忘れてはいけなかったんだよ。） 4. Mein Auto musste ich leider verkaufen（残念だが私の自動車は売らないといけなかった。） 5. Sie mussten das Bier probieren（そのビールは試してみないといけなかったのです。） 6. Ich wollte heute mit Herrn Dolch sprechen（今日ドルヒさんとお話ししたかったのですが。） 7. Frau Wieser übernachtete hier zwei Nächte（ヴィーザーさんはここで2晩宿泊されました。）

2 1. konnte ich auf der Post Briefmarken kaufen 2. vergaß wieder seine Jacke
3. Urlaub wollten wir in die Natur fahren
4. musste ihm eine Einladung schreiben 5. Spiel begann um 20 Uhr

第37課

1 1. gekauft 2. gedankt 3. gehört 4. gesagt 5. gezahlt

2 1. Wir haben in dieser Straße gewohnt.（私たちはこの通りに住んでいました。）
2. Ich habe einen Tisch für heute Abend reserviert.（私は今晩の席を予約しました。） 3. Meine Mutter hat in diesem Geschäft gearbeitet.（私の母はこの店で働いていました。） 4. Habt ihr vor der Rezeption auf mich gewartet?（君たちは僕をフロントの前で待っていたのかい？）

3 1. Was hat Ihr Sohn studiert 2. hat er Geld gewechselt
3. Sie schon gefrühstückt 4. Studenten haben draußen Fußball gespielt

第38課

1 1. gegessen 2. gebracht 3. getrunken 4. gesessen 5. gewusst

2 1. Wir haben zwei Freunde zur Party eingeladen.（私たちは友人二人をパーティーに招待しました。） 2. Er hat mir das Auto verkauft.（彼は私に自動車を売りました。） 3. Auf dem Bahnsteig habe ich eine Karte bekommen.（私はホームで切符をもらいました。）

3 1. habe meinen Familiennamen auf das Papier geschrieben
2. japanische Film hat mir sehr gefallen
3. haben für unseren Gast ein Hähnchen bestellt

第39課

1 1. Man hat hier unterschreiben sollen.（ここにサインをすることになっていました。）

2. Wir haben in Frankfurt umsteigen müssen.（私たちはフランクフルトで乗り換えなくてはいけませんでした。） 3. Ich habe Sie etwas fragen wollen.（私はあなたに少し質問するつもりでした。） 4. Er hat das Formular nicht ausfüllen können.（彼はその書式に記入できませんでした。） 5. In diesem Raum hat man nicht rauchen dürfen.（この部屋では喫煙は許されていませんでした。）

2　1. Letzte Woche wollten wir diesen Reiseführer kaufen.（私たちは先週この旅行ガイドを買うつもりでした。） 2. Mussten Sie Ihren Vornamen buchstabieren?（あなたは名を綴りで書かなくてはならなかったのですか？） 3. Mit der Kreditkarte konnte ich nicht zahlen.（私はクレジットカードでは支払いができませんでした。）

3　1. unterrichtet　2. begonnen　3. besichtigt　4. erzählt

第40課

1　1. gegangen　2. abgeflogen　3. umgezogen

2　1. sind nach dem Unterricht ins Museum gegangen

　　2. Zug aus Prag ist gerade angekommen

　　3. bin gleich in den Supermarkt gelaufen

　　4. Tochter ist in Amerika Ärztin geworden

3　1. ist　2. haben　3. hat

第41課

1　1. Ich lasse unsere Töchter heute Abend ins Theater gehen.（私は私たちの娘たちに今晩、劇場へ行かせます。） 2. Ich lasse die Schüler alleine nach Hause gehen.（私は生徒たちに一人で家に帰らせます。） 3. Ich lasse Sigmar Klavier spielen.（私はジグマルにピアノを弾かせます。）

　　4. Ich lasse meinen Sohn Hausaufgaben machen.（私は息子に宿題をさせます。）

2　1. Die Studenten tanzen die ganze Nacht.（大学生たちは一晩中踊る。）

　　2. Ihr Sohn steht um 6.00 Uhr auf.（彼女の息子は6時に起きる。）

　　3. Tobias hat zu Hause ferngesehen.（トビアスは家でテレビを見ました。）

　　4. Seine Frau hat lange gewartet.（彼の妻は長いこと待った。）

3　1. Wir werden am Sonntag nach Zürich fahren（私たちは日曜日にチューリヒに行きます。） 2. Der Zug wird um 19.22 Uhr in Freising ankommen（その列車は19時22分にフライジングに到着します。） 3. Anita wird am Wochenende ihren Großvater besuchen（アニタは週末に祖父を訪問します。）

第42課

1　1. Lass uns gleich den Fernseher anmachen

　　2. Lass uns nach der Arbeit ein Bier trinken

　　3. Lass uns doch mal wieder unsere Tante besuchen

　　4. Lass uns doch nächsten Sonntag zusammen kochen

2　1. Lassen Sie uns später zur Messe fahren

  2. Lassen Sie uns jetzt mit dem Essen anfangen

  3. Lassen Sie uns doch mal zusammen einkaufen

3 1. Wollen wir hier die Fahrkarten kaufen 2. Wollen wir hier rechts gehen

  3. Wollen wir jetzt nach Hause fahren

第43課

1 1. vor dem 2. deine 3. die 4. Ihren 5. am 6. mit meinem

2 1. uns 2. dir 3. sich 4. sich 5. sich 6. mich

第44課

1 1. sich 2. sich 3. mich 4. sich

2 1. mit 2. An 3. für 4. für 5. auf

3 1. schwimmen 2. übernachten 3. gesund 4. einkaufen

第45課

1 1. Benno fängt an, Klavier zu spielen.（ベンノはピアノを弾き始める。）

  2. Die Studenten beginnen, sehr laut zu sprechen（学生たちはひどい大声で話し始める。） 3. Mein Sohn probiert, einen Brief auf Deutsch zu schreiben.（私の息子はドイツ語で手紙を書こうと試みている。）

  4. Ich freue mich, Sie wiederzusehen.（またあなたにお会いできてうれしいです。）

2 1. Ich habe vergessen, ihm den Weg zum Bahnhof zu erklären.（私は彼に駅までの道を説明するのを忘れた。） 2. Ich habe dich gebeten, dein Geburtsjahr hierher zu schreiben.（私は君にここへ生年を書くよう頼んだ。） 3. Ich habe Thomas empfohlen, in diesem Hotel zu übernachten.（私はトーマスにこのホテルに泊まるよう勧めた。） 4. Ich habe meiner Tante geholfen, auf dem Markt einzukaufen.（私は叔母が市場で買い物をする手伝いをした。）

3 1. brauche ich nicht früh aufzustehen

  2. Schäfer hat angefangen, Japanisch zu lernen

  3. Mädchen scheint wieder gesund zu sein

  4. Mann hat vergessen, das Licht auszumachen

第46課

1 1. Woche habe ich keine Zeit, mit euch Tennis zu spielen

  2. Sara gestern etwas zu tun 3. hatte keine Lust, weiter zu studieren

  4. Formular ist mit einem Bleistift auszufüllen

2 1. Frau Wildner will nach Wien fahren, ohne mit dem Flugzeug zu fliegen（ヴィルトナーさんは飛行機を使わずにウィーンに行くつもりだ。） 2. Herr Förster fliegt im Urlaub nach Deutschland, um seine alten Freunde wiederzusehen（フェルスターさんは昔からの友人に再会するために休暇でドイツに飛行機で行く。） 3. Wir treffen uns vor dem Supermarkt, um dann dort einzukaufen（私たちはその後そこで買い物するためにスーパーマーケットの前で落ち合います。）

3 1. viel Wein zu trinken ist nicht gesund 2. ist wichtig, morgens zu frühstücken

3. war nicht leicht, ein freies Zimmer zu bekommen

第47课

1 1. fünfzehn Euro   2. dreißig (Schweizer) Franken

3. neunundvierzig Euro achtzig

4. einhundertvierundzwanzig (Schweizer) Franken neunzig

2 1. macht zusammen EUR 24,80 (vierundzwanzig Euro achtzig)

2. Flug nach Osaka kostet 1 400 EUR ((ein)tausendvierhundert Euro)

3. Miete für diese Wohnung ist 800 EUR (achthundert Euro)

4. Fahrkarte kostet 9,50 EUR (neun Euro fünfzig)

5. dieses Auto habe ich 12 000 CHF bezahlt (zwölftausend (Schweizer) Franken)

3 1. geht mir nicht gut   2. Wie geht es Ihnen

3. Deutschland schneit es im Winter oft   4. es Ihnen geschmeckt

5. wird jetzt Frühling   6. Wie gefällt es Ihnen in dieser Stadt

第48课

1 1. ist viel größer als Magdeburg

2. dem Zug kommen Sie viel schneller nach Berlin als mit dem Auto

3. spielt etwas besser Klavier als ich

4. finde das Buch weniger interessant als den Film

2 1. kleineren   2. einfachere   3. wärmer   4. dünner

3 1. länger   2. schlechter   3. später   4. öfter   5. lieber

第49课

1 1. wichtigste   2. höchste   3. teuersten   4. bester

2 1. am frühesten   2. am meisten   3. am besten   4. am liebsten

3 1. fanden unter allen Museen das Spielzeugmuseum am schönsten

2. Bruder hat von uns allen am längsten Japanisch gelernt

第50课

1 1. wenn das Wetter gut ist   2. als ich ihn im Büro traf

3. weil er keinen großen Hunger hatte

4. Weil Anna nächste Woche eine Prüfung hat

5. Dass mein Großvater so schnell wieder gesund wurde

6. dass unser Lehrer nicht mehr in dieser Straße wohnt

2 1. wo der Kiosk ist   2. wie ich zum Bahnhof komme   3. wie die Stadt heißt

第51课

1 1. das nach München fliegt   2. der auch am Sonntag auf ist

3. das neben der Bank steht   4. der dort Bier trinkt

5. das 120 EUR kostete

2 1. den unsere Kinder gemacht haben   2. das ich letztes Jahr gekauft habe

3. dem du mein Foto gezeigt hast   4. für die Herr Entenhausen arbeitet

第52課

1. 1. dessen Familie hier im 3. Stock wohnt   2. deren Vater wir kennen
   3. dessen Fenster kaputt war
2. 1. dass der Abflug sehr spät wird
   2. dass er zu spät gekommen ist
   3. dass gestern so viele Gäste gekommen sind
   4. ich zum ersten Mal in Deutschland war
   5. arbeitet sowohl in der Schule als auch im Kindergarten
   6. Mutter isst weder Fleisch noch Fisch

第53課

1. 1. Wer heute bei uns einkauft
   2. Was Andrea von ihrer Reise nach Japan erzählt hat
   3. Was in dieser Zeitschrift steht   4. Wofür sich der Chef interessiert
   5. Worauf wir warten   6. was für unsere Arbeit wichtig ist
2. 1. heute nicht zur Universität, sondern sie blieb zu Hause
   2. habe ich keinen Hunger
   3. ist zwar 80 Jahre alt, aber er ist sehr gesund

第54課

1. 1. Polizei sucht dieses Auto（警察はこの自動車を捜している。）
   2. macht das Foto（ルディが写真を撮ります。）
   3. Eltern schenkte mir dieses Bild（私の両親がこの絵を私に贈りました。）
2. 1. wird oft Deutsch gesprochen（このオフィスではしばしばドイツ語が話される。）   2. werden Zeitungen verkauft（あそこの売店では新聞が売られている。）
   3. wird gern Eis gegessen（夏にはアイスが好んで食べられます。）
3. 1. Rauchen ist in der Bibliothek verboten
   2. Ausstellung ist am Montag geschlossen
   3. Tisch ist leider reserviert

第55課

1. 1. ist   2. wird   3. ist   4. wurde
2. 1. hat den Brief unterschrieben（その手紙にはサインをした。）
   2. hat die Weinflasche geöffnet（そのワインの瓶を開けた。）
   3. hat das Auto repariert（その自動車を修理した。）
3. 1. bekommt zum Geburtstag Blumen geschenkt（母は誕生日に花を贈られます。）
   2. habe diese Postkarte aus der Schweiz geschickt bekommen（私はこの葉書をスイスから送ってもらった。）

第56課

1. 1. wäre   2. bliebe   3. spräche   4. hätten   5. könnte
2. 1. schreiben, würde   2. würden, übernachten   3. Würde, sich, freuen

3　1. Würden Sie am Dienstag noch einmal kommen（火曜日にもう一度来ていただけますか？）　2. Würden Sie mir bitte ein Taxi bestellen（どうか私のためにタクシーを呼んでくださいますか？）　3. Würdest du mich heute Abend anrufen（今晩電話してもらえる？）

第57課

1　1. hätte, angerufen　2. gekommen, wärest　3. wären, gefahren

2　1. hätte gern heute die Fotoausstellung gesehen
　　2. hätten gern Wein bestellt
　　3. hätte gern mit Herrn Simmler gesprochen

3　1. der Vater zwei Wochen Urlaub nehmen könnte
　　2. er in Frankfurt angekommen wäre
　　3. ihr Bruder früher Japanisch gelernt hätte

第58課

1　1. Nachdem Sabine aus der Arbeit zurückgekommen war
　　2. war für zwei Wochen in der Schweiz gewesen
　　3. war schon alles verkauft worden
　　4. scheint das Buch schon gelesen zu haben
　　5. Nachmittag wird er meine E-Mail gelesen haben

2　1. kommenden　2. ankommenden　3. sinkende　4. geschlossenen
　　5. gekochte

第59課

1　1. sei　2. seien　3. habe　4. spiele　5. einkaufe

2　1. sie bald nach Österreich fahren werde
　　2. niemand hier rauchen dürfe
　　3. es nächste Woche keine Prüfung geben werde
　　4. sie das ganze Wochenende zu Hause gelernt habe
　　5. der Chef schon aus dem Urlaub zurückgekommen sei

文法索引

平叙文　*10*
否定詞　*38*
命令文　*40*
勧誘文　*110*
疑問文：補足疑問文　*14*、決定疑問文　*12*、否定疑問文　*46*、間接疑問文　*126*
節：関係代名詞節　*130*、従属節　*126*、副詞的従属節　*126*、名詞的従属節　*126*

主語　*10*
目的語：直接目的語　*24*、間接目的語　*36*

名詞：単数形　*34*、複数形　*34*、複合名詞　*112*、男性弱変化名詞　*76*
性：男性名詞、女性名詞、中性名詞　*24*
格：主格（1格）　*24*、対格（4格）　*24*、与格（3格）　*36*、属格（2格）　*70*
冠詞：不定冠詞　*28*、定冠詞　*24*、定冠詞類　*70*、所有冠詞　*60*、否定冠詞　*58*
代名詞：人称代名詞　*10*、関係代名詞　*130*、不定関係代名詞　*134*、再帰代名詞　*112*、特殊な代名詞　*72*、疑問詞（疑問代名詞）　*14*、先行詞　*130*、親称　*14*、敬称　*14*

前置詞　*36*
前置詞と定冠詞の縮約形　*50*
動詞：語幹　*10*、自動詞　*138*、他動詞　*138*、定動詞　*10*、再帰動詞　*114*、規則変化動詞　*10*、不規則変化動詞　*18*、分離動詞　*46*、非分離動詞　*56*、動詞の名詞化　*114*、分離前綴り　*46*、非分離前綴り　*56*、人称変化　*16*

不定詞（不定形）　*10*：不定詞句　*116*、zu不定詞　*116*、zu不定詞句　*116*、完了不定詞　*144*
態：能動態　*136*、受動態　*136*、動作受動形　*136*、状態受動形　*136*、bekommen受動形　*138*
分詞：過去分詞　*96*、現在分詞　*144*

現在形　*10*
現在完了形　*96*
過去基本形　*84*
過去人称変化　*84*
過去完了形　*144*
未来形　*104*
未来完了形　*144*
接続法Ⅱ式　*140*、接続法Ⅱ式完了形　*144*、接続法Ⅱ式未来形　*140*
接続法Ⅰ式　*146*、接続法Ⅰ式完了形　*146*、接続法Ⅰ式未来形　*146*

助動詞：完了助動詞　*96*、受動助動詞　*136*、使役助動詞　*108*、動作受動助動詞　*136*、話法の助動詞　*64*、未来助動詞　*104*、状態受動助動詞　*136*

形容詞：語尾変化　*74*、名詞化　*80*、*114*、原級　*122*、比較級　*122*、最上級　*124*
副詞　*32*
副詞的対格　*80*

数詞：基数詞　*20*、序数詞　*78*、時刻表現　*104*、金額の表現　*120*
接続詞：並列接続詞　*22*、従属接続詞　*126*、相関接続詞　*132*

単語リスト（ドイツ語－日本語）

＊この本の例文や練習問題で用いられた単語です。定冠詞、不定冠詞、所有冠詞、否定冠詞、代名詞、数詞、前置詞と冠詞の縮約形、固有名詞は含まれていません。単語によってはここに挙がっていない意味で使うことがあります。

A

ab 〜から
der Abend 晩
abends 晩に
aber しかし
abfahren 出発する
abfliegen 飛び立つ
der Abflug （飛行機の）出発
abgeben 提出する
abholen 迎えに行く
der Absender 差出人
die Adresse 住所
alkoholfrei ノンアルコールの
alle すべての
alleine 一人で
alles すべてのもの
als 〜より／〜した時に
alt 年をとった／古い
Amerika アメリカ
an 〜で／〜へ
anbieten 提供する
ander 他の
der Anfang 始め
anfangen 始まる／始める
angenehm 快適な
ankommen 到着する
ankreuzen チェックマークをつける
anmachen スイッチを入れる
sich anmelden 申し込む
anprobieren 試着する
der Anruf 電話
der Anrufbeantworter 留守番電話機
anrufen 電話をかける

der Anschluss 接続
die Antwort 答え
der Anzug スーツ
der April 4月
die Arbeit 仕事
arbeiten 働く
der Arzt 医師
die Ärztin 医師（女性）
auch 〜もまた
auf 〜の上で／〜の上へ
auf sein 開いている
Auf Wiedersehen! さようなら！
der Aufenthalt 滞在
aufmachen 開ける
die Aufmerksamkeit 注意
aufstehen 起きる
der Aufzug エレベーター
der August 8月
aus 〜から
der Ausflug ハイキング
ausfüllen 記入する
der Ausgang 出口
ausgezeichnet 素晴らしい
das Ausland 外国
ausmachen スイッチを消す
aussehen 〜のように見える
außerdem その外
aussteigen 降りる
die Ausstellung 展覧会
der Ausweis 身分証明書
das Auto 自動車
automatisch 自動的な

B

das Baby 赤ん坊
die Bäckerei パン店
das Bad 浴室
die Bahn 鉄道
der Bahnhof 駅
der Bahnsteig ホーム
bald まもなく
der Balkon ベランダ
die Bank 銀行
der Bauch 腹
der Baum 木
bedeuten 意味する
beginnen 始まる／始める
bei ～のそばに／～の際に
bekommen もらう
benutzen 使う
der Berg 山
die Berliner Mauer ベルリンの壁
der Beruf 職業
besichtigen 見学する
besonder 特別な
besonders 特別に
bestellen 注文する
die Bestellung 注文
besuchen 訪問する
das Bett ベッド
bevor ～の前に
bezahlen 支払う
die Bibliothek 図書館
das Bier ビール
das Bild 絵／写真
billig 値段が安い
bis ～まで
bis wann いつまで
bis zu ～まで
die Bitte 頼み
bitte どうか
bitten 頼む
bleiben 留まる
der Bleistift 鉛筆
die Blume 花
die Bluse ブラウス
böse 怒っている
brauchen 必要とする
die Brezel ブレッツェル（8の字型の
　　 パン）
der Brief 手紙
die Briefmarke 切手
bringen 持って来る
das Brot パン
das Brötchen ブレートヒェン（ミニパン）
der Bruder 兄／弟
das Buch 本
der Buchladen 書店
buchstabieren 綴りで言う／書く
der Bürgermeister 市長
das Büro オフィス
der Bus バス
die Butter バター

C

das Café 喫茶店
der Chef 上司
die Chefin 上司（女性）
der Chiemsee キーム湖
China 中国
das Cola コーラ
der Computer コンピュータ

D

da そこに
dabei その際
dafür そのため
die Dame 女性
damit それを使って

dankbar　ありがたく思う
Danke schön!　ありがとうございます！
Danke!　ありがとうございます！
danken　お礼を言う
dann　その後で
darüber　それについて
das　それ
dass　〜ということ
dauern　続く
denken　考える
denn　なぜなら
deshalb　そのため
Deutsch　ドイツ語
deutsch　ドイツの
der Deutschkurs　ドイツ語講座
Deutschland　ドイツ
die Deutschprüfung　ドイツ語の試験
der Dezember　12月
dick　厚い
der Dienstag　火曜日
dieser　この
doch　しかし
der Donnerstag　木曜日
das Doppelzimmer　ツインルーム
dort　あそこで
dorthin　あそこへ
draußen　外で
dunkel　暗い
dünn　薄い
durch　〜を通って／〜を通して
dürfen　〜してもよい
der Durst　喉の渇き
die Dusche　シャワー
duschen　シャワーを浴びる

E

die E-Mail　電子メール
die Ecke　角（かど）

die Ehefrau　妻
der Ehemann　夫
ehren　尊敬する
das Ei　卵
eigen　自分自身の
einfach　簡単な
der Eingang　入口
die Eingangstür　入口のドア
der Einkauf　買い物
das Einkaufen　買い物
einkaufen　買い物する
einladen　招待する
die Einladung　招待
einmal　1度
der Eintritt　入場
die Eintrittskarte　入場券
das Einzelzimmer　シングルルーム
das Eis　アイス
die Eltern　両親
der Empfänger　受取人
die Empfangsdame　フロントの係員
　（女性）
empfehlen　勧める
England　イギリス
entschuldigen　許す
sich entschuldigen　謝る
das Erdgeschoss　1階
sich erinnern　覚えている／思い出す
sich erkälten　風邪をひく
erklären　説明する
erreichen　到着する
erzählen　語る
es geht　〜な具合である
es gibt　〜がある
es regnet　雨が降る
es schneit　雪が降る
Es tut mir leid.　それはお気の毒です。
essen　食べる

das Essen 食事
etwas 何か
Euro ユーロ

F
fahren （乗り物で）行く
der Fahrer 運転手
der Fahrgast 乗客
die Fahrkarte 切符
das Fahrrad 自転車
fallen 落ちる
falsch 間違った
die Familie 家族
der Familienname 姓
die Farbe 色
fast もう少しで
der Februar 2月
das Fenster 窓
die Ferien 休み
fernsehen テレビを見る
der Fernseher テレビ
fertig 終わった
das Feuer 火
das Fieber 熱
der Film 映画
finden 思う／見つける
die Firma 会社
der Fisch 魚
die Flasche 瓶
das Fleisch 肉
fliegen 飛ぶ
der Flug フライト
der Flughafen 空港
das Flugzeug 飛行機
der Fluss 川
das Formular 書式
das Foto 写真
die Fotoausstellung 写真展

die Frage 質問
fragen 質問する
Frankreich フランス
Französisch フランス語
die Frau 妻／女性
Frau ... 〜さん（女性）
frei 自由な／空いた
der Freitag 金曜日
die Freizeit 余暇
sich freuen 喜ぶ／楽しみにする
der Freund 友人
die Freundin 友人（女性）
freundlich 親切な
froh 楽しい
früh 早い
früher 以前に
der Frühling 春
das Frühstück 朝食
frühstücken 朝食をとる
für 〜のため
für wen 誰のために
der Fußball サッカー

G
ganz 全体の／かなり
der Garten 庭
der Gast 客
geben 与える
das Geburtsjahr 生年
der Geburtsort 出生地
der Geburtstag 誕生日
das Geburtstagsgeschenk 誕生プレゼント
die Geburtstagsparty 誕生パーティー
gefallen 気に入る
gegen 〜に逆らって
gegenseitig 互いの
gehen 行く

das Geld　お金
das Gemüse　野菜
der Gemüsemarkt　野菜市場
genau　正確な
das Gepäck　荷物
gerade　ちょうど
geradeaus　まっすぐに
gern　好んで
das Geschäft　店
das Geschenk　プレゼント
geschlossen　閉まっている
das Gespräch　話し合い
gestern　昨日
gesund　健康である
die Gesundheit　健康
das Glas　グラス
glauben　思う／信じる
gleich　同じ／すぐに
gleichfalls　同じく
das Gleis　ホーム
glücklich　幸せな
groß　大きい
die Größe　サイズ
die Großeltern　祖父母
die Großmutter　祖母
der Großvater　祖父
grün　緑色の
der Gruß　挨拶
Grüß Gott!　こんにちは（ドイツ南部、オーストリア）
grüßen　挨拶する
gut　良い
Guten Morgen!　おはようございます！
Guten Tag!　こんにちは！

H

das Haar　髪
haben　持つ

das Hähnchen　チキン
halb　半分の
Hallo!　こんにちは！
die Haltestelle　停留所
die Hand　手
das Handy　携帯電話
der Hauptbahnhof　中央駅
das Haus　家
　　nach Hause　家へ
　　zu Hause　家で
die Hausaufgabe　宿題
das Haustier　ペット
heiraten　結婚する
heiß　暑い
heißen　～という名である
helfen　手伝う
das Hemd　シャツ
der Herr　男性
Herr ...　～さん（男性）
das Herz　心
herzlich　心からの
Herzlich willkommen!　ようこそ！
heute　今日
hier　ここで
hierher　ここへ
die Hilfe　手助け
hinter　～の後ろで／～の後ろへ
das Hobby　趣味
hoch　高い
hoffen　願う
holen　取ってくる
hören　聞く／聴く
die Hose　ズボン
das Hotel　ホテル
der Hund　犬
der Hunger　空腹
der Hut　帽子

I

der ICE　ICE（高速鉄道）
die Idee　考え
der Imbiss　軽食
immer　いつも
in　～の中で／～の中へ
die Information　情報
das Informationsmaterial　資料
interessant　興味深い
sich interessieren　関心がある
Italien　イタリア

J

ja　はい
die Jacke　上着
das Jahr　年
der Januar　1月
Japan　日本
japanisch　日本の
jeder　全ての
jemand　誰か
jetzt　今
die Jugendherberge　ユースホステル
der Juli　7月
jung　若い
der Junge　男の子
der Juni　6月

K

der Kaffee　コーヒー
kalt　冷たい／寒い
kaputt　壊れた
die Karte　カード／葉書
die Kasse　レジ
die Katze　猫
kaufen　買う
das Kaufhaus　デパート
kein　ひとつも～ない

die Kellnerin　ウェイトレス
kennen　知っている
das Kind　子供
der Kindergarten　幼稚園
das Kino　映画館
der Kiosk　売店
die Kirche　教会
klar　はっきりした
die Klasse　クラス
das Klassenzimmer　教室
das Klavier　ピアノ
das Kleid　ワンピース
klein　小さい
kochen　料理する
kommen　来る
können　～できる
das Konzert　コンサート
der Kopf　頭
der Kopfschmerz　頭痛
kosten　～の費用がかかる
krank　病気である
die Krankheit　病気
die Kreditkarte　クレジットカード
die Küche　キッチン
der Kuchen　ケーキ
der Kugelschreiber　ボールペン
der Kühlschrank　冷蔵庫
der Kunde　顧客
die Kunst　芸術
das Kunstmuseum　美術館
der Kurs　講座
kurz　短い

L

lachen　笑う
der Laden　商店
lang　長い
lange　長い間

langsam　ゆっくりとした
lassen　〜させる
laufen　走る
laut　大声で／うるさい
leben　暮らす
die Lebensmittel　食料品
sich legen　横になる
der Lehrer　教師
die Lehrerin　教師（女性）
leicht　軽い／簡単な
leider　残念ながら
leise　静かな
lernen　勉強する
lesen　読む
letzt　最後の
das Licht　明かり
lieb　親切な
das Lied　歌
liegen　置いてある
die Linie　路線
links　左に
die Liste　リスト
das Lokal　レストラン
losfahren　出発する
die Lust　やる気
lustig　愉快な

M

machen　する
das Mädchen　女の子
der Mai　5月
mal　ちょっと／掛ける
das Mal　〜回
man　人々
manche　少なくない
der Mann　夫／男性
der Markt　市場
der Marktplatz　市場

der März　3月
das Medikament　薬
das Meer　海
mehr　より多くの
meinen　思う
die Mensa　学生食堂
der Mensch　人間
die Messe　見本市
die Miete　家賃
die Milchflasche　牛乳瓶
die Minute　分
mit　〜と共に／〜で
der Mitarbeiter　スタッフ
mitbringen　持って来る
mitkommen　一緒に来る
mitnehmen　持って行く
der Mittwoch　水曜日
möchte　欲しい／〜したい
mögen　好きである
möglich　ありうる
der Moment　瞬間
der Montag　月曜日
morgen　明日
der Morgen　朝
morgens　朝に
müde　疲れた／眠い
der Mund　口
das Museum　博物館
die Musik　音楽
müssen　〜しなければならない
die Mutter　母

N

nach　〜へ／〜の後で
der Nachbar　隣人
nachdem　〜の後で
der Nachmittag　午後
nachmittags　午後に

die Nachricht 知らせ
nächst 次の
die Nacht 夜
nah 近い
der Name 名前
die Natur 自然
natürlich もちろん
neben ～の横で／～の横へ
nehmen 取る
nein いいえ
nett 感じがいい
neu 新しい
nicht ～ではない
nicht mehr もはや～ない
nichts 何も‐ない
nie 決して～ない
niemand 誰も～ない
noch まだ
die Nordsee 北海
normal 普通の
der November 11月
die Nummer 番号
nur ～だけ

O

ob ～かどうか
oben 上で
das Obst 果物
oder あるいは
öffnen 開ける
oft しばしば
ohne ～なしで
der Oktober 10月
der Onkel 叔父
die Ordnung 秩序
der Ort 場所
Österreich オーストリア
die Ostsee バルト海

P

das Papier 紙
der Park 公園
der Parkplatz 駐車場
die Party パーティー
der Pass パスポート
der Passant 通行人
passen 合う
die Pause 休憩
planen 計画する
der Platz 広場
die Polizei 警察
die Pommes Frites フライドポテト
die Post 郵便
die Postkarte 葉書
probieren 試す
das Problem 問題
die Prüfung 試験
pünktlich 時間通りな

R

das Radio ラジオ
das Rathaus 市役所
rauchen たばこを吸う
das Rauchen 喫煙
der Raum 部屋
die Rechnung 勘定書
rechts 右に
das Regal 棚
reich 金持ちの
die Reise 旅行
das Reisebüro 旅行代理店
der Reiseführer 旅行ガイド
reisen 旅行する
reparieren 修理する
reservieren 予約する
das Restaurant レストラン
die Rezeption フロント

richtig　正しい
der Rock　スカート
die Rose　バラ
ruhig　静かな
das Rundfunkmuseum　放送博物館

S

der Saft　ジュース
sagen　言う
die Sahne　クリーム
der Salat　サラダ
der Samstag　土曜日
das Sauerkraut　ザウアークラウト（酢
　漬けのキャベツ）
der Schalter　窓口
scheinen　〜であるように見える
schenken　贈る
schicken　送る
das Schiff　船
schlafen　眠る
schlecht　悪い
schließen　閉める
sich schließen　閉まる
der Schluss　最後
der Schlüssel　鍵
schmecken　味がする
der Schnee　雪
schnell　速い
schon　すでに
schön　美しい
Schönen Tag noch!　良い一日を！
schreiben　書く
der Schuh　靴
die Schule　学校
der Schüler　生徒
die Schülerin　生徒（女子）
die Schulzeit　学校時代
schwarz　黒い

der Schweinbraten　ローストポーク
die Schweiz　スイス
Schweizer Franken　スイスフラン
die Schwester　姉／妹
schwierig　難しい
schwimmen　泳ぐ
das Schwimmen　水泳
der See　湖
sehen　見る
die Sehenswürdigkeit　名所
sehr　とても
sein　〜である／いる
seit　〜以来
seit wann　いつから
die Sekretärin　秘書（女性）
der September　9月
sich setzen　座る
singen　歌う
sinken　沈む
sitzen　座っている
so　それほど／とても
das Sofa　ソファー
sofort　すぐに
der Sohn　息子
sollen　〜するべきである
der Sommer　夏
sondern　（〜ではなく）〜だ
der Sonntag　日曜日
sowieso　いずれにせよ
sowohl ... als auch ...　〜も〜も
die Sparkasse　公営銀行
spät　遅い
später　後で
die Speisekarte　メニュー
das Spiel　試合
spielen　遊ぶ／（スポーツを）する／
　（楽器を）弾く
das Spielzeug　おもちゃ

das Spielzeugmuseum　おもちゃ博物館
der Sport　スポーツ
die Sprache　言語
der Sprachkurs　語学講座
sprechen　話す
die Stadt　市街／市
stark　濃い
stehen　立っている
stellen　立てる
Stimmt so!　お釣りは結構です。
der Stock　〜階
die Straße　通り／道路
die Straßenbahn　路面電車
der Streit　争い
das Stück　〜切れ
der Student　大学生
die Studentin　大学生（女子）
studieren　大学で勉強する
der Stuhl　イス
die Stunde　時間
stündlich　1時間おきに
suchen　探す
der Supermarkt　スーパーマーケット

T

der Tag　日
die Tante　叔母
tanzen　踊る
die Tasche　バッグ
die Tasse　カップ
das Taxi　タクシー
technisch　技術的な
der Tee　茶
telefonieren　電話で話す
die Telefonnummer　電話番号
der Teller　皿
das Tennis　テニス
der Termin　アポイントメント

der Test　テスト
teuer　値段が高い
das Theater　劇場／芝居
das Tier　動物
der Tisch　テーブル
die Tochter　娘
die Tomate　トマト
der Tourist　観光客
traurig　悲しい
die Traurigkeit　悲しさ
treffen　会う
sich treffen　落ち合う
trinken　飲む
Tschüss!　バイバイ！
tun　する
die Tür　ドア

U

die U-Bahn　地下鉄
über　〜の上方で／〜の上方へ
übernachten　泊まる
die Übernachtung　宿泊
Uhr　〜時
die Uhr　時計
um　〜時に
umsteigen　乗り換える
umziehen　引っ越す
und　そして
ungefähr　だいたい
unglaublich　信じられない
die Universität　大学
unmöglich　不可能な
unter　〜の下で／〜の下へ／〜の間で
der Unterricht　授業
unterrichten　授業をする
unterschreiben　サインをする
der Urlaub　有給休暇

V

- der Vater　父
- verbieten　禁止する
- verehren　尊敬する
- vergessen　忘れる
- verkaufen　売る
- der Verkäufer　販売員
- die Verkäuferin　販売員（女性）
- verlieren　なくす
- die Verspätung　遅延
- das Verständnis　理解
- verstehen　理解する
- Verzeihung!　すみません！
- viel　多くの
- Vielen Dank!　ありがとうございます！
- vielleicht　もしかしたら
- voll　いっぱいな
- von　～の／～から／～により／～のうちで
- vor　～の前で／～の前へ
- vorher　それより前に
- vormittags　午前中に
- der Vorname　名（ファーストネーム）
- vorstellen　紹介する

W

- wachsen　成長する
- wahrscheinlich　おそらく
- wann　いつ
- warm　暖かい
- warten　待つ
- warum　なぜ
- was　何が／何を
- waschen　洗う
- das Wasser　水
- weder ... noch ...　～でもなく～でもない
- wechseln　両替する
- der Weg　道
- weg　いない
- wegen　～のために
- Weihnachten　クリスマス
- weil　～なので
- der Wein　ワイン
- die Weinflasche　ワインボトル
- das Weinglas　ワイングラス
- weit　遠い
- weiter　引き続き
- welcher　どの
- die Welt　世界
- wem　誰に
- wen　誰を
- wenig　少ない
- wenn　～ならば／～の時に
- wer　誰が
- werden　～になる
- das Wetter　天気
- wichtig　重要な
- wie　どのように
- Wie geht es dir?　お元気ですか？
- wieder　また
- wiederholen　繰り返す
- wiedersehen　再会する
- der Winter　冬
- wissen　知っている
- wo　どこで
- die Woche　週
- das Wochenende　週末
- wofür　何のために
- woher　どこから
- wohin　どこへ
- wohnen　住む
- die Wohnung　住居
- wollen　～するつもりだ
- womit　何を使って
- das Wort　単語

das Wörterbuch　辞書
worüber　何について
wozu　何のために
wunderbar　素晴らしい
wünschen　願う
die Wurst　ソーセージ

Z

die Zahl　数
zahlen　支払う
zeigen　見せる
die Zeit　時間
die Zeitschrift　雑誌
die Zeitung　新聞
der Zettel　メモ用紙
ziehen　移動する
ziemlich　かなり

das Zimmer　部屋
der Zimmerschlüssel　ルームキー
zu　～へ
zu sein　閉まっている
zu wem　誰のところへ
zuerst　始めに
zufrieden　満足している
der Zug　列車
das Zugrestaurant　車内食堂
die Zugspitze　ツークシュピッツェ
　（ドイツで最も高い山）
zumachen　閉める
zurück　戻って
zurückkommen　戻る
zusammen　一緒に
zwar　～だが
zwischen　～の間で／～の間へ

著者紹介
黒田 享(くろだ すすむ)
1968年東京生まれ。筑波大学人文社会系准教授、博士（文学）。ドイツ語史、ドイツ語と日本語の比較、少数言語保護法制などについて研究している。日本でドイツ語を学び始めた後、ドイツのボン市とパッサウ市でも学生生活を送った。

ドイツ語表現とことんトレーニング

2013年5月10日　印刷
2013年6月1日　　発行

著　者 ⓒ 黒　田　　　享
発行者　　及　川　直　志
印刷所　　株式会社ルナテック

101-0052東京都千代田区神田小川町3の24
発行所　電話 03-3291-7811（営業部）、7821（編集部）　　株式会社　白水社
http://www.hakusuisha.co.jp
乱丁・落丁本は、送料小社負担にてお取り替えいたします。

振替 00190-5-33228　　　　　　　　松岳社 株式会社 青木製本所

Printed in Japan
ISBN978-4-560-08629-2

▷本書のスキャン、デジタル化等の無断複製は著作権法上での例外を除き禁じられています。本書を代行業者等の第三者に依頼してスキャンやデジタル化することはたとえ個人や家庭内での利用であっても著作権法上認められていません。